AF865708

Die

Neugestaltung der Aktiengesellschaft

nach den Vorschriften
des mit dem 1. Januar 1900 in Kraft
tretenden Handelsgesetzbuchs.

Von

Robert Esser,
Geheimer Justizrath in Köln.

Springer-Verlag Berlin Heidelberg GmbH 1898

ISBN 978-3-662-32335-9 ISBN 978-3-662-33162-0 (eBook)
DOI 10.1007/978-3-662-33162-0

Inhalt.

In dem mit dem 1. Januar 1900 in Kraft tretenden Handelsgesetzbuche für das Deutsche Reich vom 10. Mai 1897 nehmen, abgesehen von den dem Seehandel gewidmeten, in ihrer bisherigen Gestalt fast unverändert aufgenommenen Vorschriften des letzten Buches, die auf die Aktiengesellschaft bezüglichen Bestimmungen der §§ 178 bis 319 im Verhältniß zu den übrigen Materien einen großen Raum ein; sie haben im Vergleiche mit den Vorschriften des Handelsgesetzbuches in der Fassung der Novelle vom 18. Juli 1884 mannigfache, theilweise auch die Statuten bestehender Aktiengesellschaften beeinflussende bezw. ihre Abänderung bedingende Neuerungen und Ergänzungen erfahren, deren Zusammenstellung bei dem Interesse, das diese im heutigen Wirthschaftsleben unentbehrlich gewordene Gesellschaftsform für weite Kreise besitzt, Manchem willkommen sein dürfte.

Schon in meinem Kommentare zur vorgedachten Novelle (vgl. Vorwort vom August 1884 S. IV) ist es als ein Fehler in der Anordnung des Handelsgesetzbuchs und als ein Mißstand bezeichnet worden, daß darin an erster Stelle die praktisch nur wenig bedeutsame Kommanditgesellschaft auf Aktien und erst nach dieser, zum Theil nur durch Verweisungen auf sie, die Aktiengesellschaft geregelt sei. Im neuen Handelsgesetzbuch ist nun in der That die Aktiengesellschaft vorangestellt und die Kommanditgesellschaft auf Aktien in wesentlich abgekürzter Form behandelt. Auch die Eintheilung des die Aktiengesellschaft selbst betreffenden Rechtsstoffes ist erheblich verbessert und das Aktienrecht übersichtlicher als bisher in folgenden sechs Titeln behandelt:

1. Allgemeine Vorschriften; — 2. Rechtsverhältnisse der Gesellschaft und der Gesellschafter; — 3. Verfassung und Geschäftsführung; — 4. Abänderungen des Gesellschaftsvertrags; — 5. Auflösung und Nichtigkeit der Gesellschaft; — 6. Strafvorschriften.

Diese Eintheilung ist auch hier zu Grunde gelegt.

Bei Gegenüberstellung der Vorschriften des neuen Handelsgesetzbuchs vom 10. Mai 1897 und der Vorschriften des Handelsgesetzbuchs in der Fassung der Novelle vom 18. Juli 1884 sind, ohne weitere Anführung dieser Gesetze, die ersteren durch „Paragraphen", die letzteren durch „Artikel" der Sachlage entsprechend bezeichnet. Mit der Bezeichnung „Denkschrift" ist die Denkschrift zu dem Entwurf des neuen Handelsgesetzbuchs in der Fassung der dem Reichstage gemachten Vorlage gemeint, von der bei den nachstehenden Erläuterungen angemessener Gebrauch gemacht worden ist.

I.
Allgemeine Vorschriften.

Einer der ersten Paragraphen der Allgemeinen Vorschriften zeigt einen Bruch mit dem bisherigen Prinzip. Nach Art. 215c Abs. 3 dürfen Aktien, auch wenn sie auf Namen lauten, vor der vollen Einzahlung nicht ausgegeben werden. Dieses ungerechtfertigte, von mir schon früher bekämpfte Verbot (vgl. auch meine Kritik des Entwurfs zum neuen Handelsgesetzbuche in der Kölnischen Zeitung vom 3. August 1896 Nr. 703) ist jetzt durch § 179 Abs. 4 aufgehoben; aus der betreffenden Aktienurkunde muß jedoch selbstverständlich der Betrag der geleisteten Einzahlungen sich ergeben. Das Verbot der Ausgabe von Aktien vor der vollen Einzahlung besteht also vom 1. Januar 1900 ab nur noch für Aktien, welche auf den Inhaber lauten.

Ueber die Art, wie die Aktien und Interimsscheine ausgefertigt werden sollen, enthält die Novelle vom 18. Juli 1884 keine Vorschriften; man behalf sich meist durch bezügliche statutarische Anordnungen; im § 181 sind nunmehr dem § 793 Abs. 2 des Bürgerlichen Gesetzbuchs entsprechende Bestimmungen dahin getroffen, daß zur Unterzeichnung jener Dokumente eine im Wege der mechanischen Verbielfältigung hergestellte Namensunterschrift genügt, daß aber die Gültigkeit der Unterzeichnung durch eine in die Urkunde aufgenommene Bestimmung von der Beobachtung einer besonderen Form abhängig gemacht werden kann. Es hätte sich wohl auch die Anordnung empfohlen, daß die einzelnen Aktien mit fortlaufenden Nummern zu versehen sind; denn wenn Inhaberaktien ohne ein Unterscheidungsmerkmal ausgefertigt werden, ist bei eintretendem Verluste ein Aufgebotsverfahren unmöglich.

Die Vorschriften des § 182 über die Feststellung und den Inhalt des Statuts der Aktiengesellschaft sind der Hauptsache nach unverändert aus dem Art. 209 übernommen. Weggefallen ist die Nr. 4 dieses Artikels, wonach der Gesellschaftsvertrag auch die Art der Aktien, ob sie auf den Inhaber oder auf Namen lauten, und im Falle der Ausgabe beider Arten die Zahl der Aktien einer jeden Art bestimmen muß. An die Stelle dieser Vorschrift tritt der § 183 Abs. 1, welcher verordnet, daß die Aktien, wenn der Gesellschaftsoertrag nichts darüber bestimmt, ob Namens- oder Inhaberaktien ausgegeben werden sollen, auf Namen zustellen sind.

Anlangend die Firma der Aktiengesellschaft, so bestimmt § 20, daß dieselbe in der Regel von dem Gegenstande des Unternehmens zu entlehnen ist; es können also auch ausnahmsweise Personennamen in die Firma aufgenommen werden; diese Ausnahme ist nach der Denkschrift namentlich mit Rücksicht auf die Umwandlung eines Geschäfts in ein Aktienunternehmen zugelassen.

Wie aber auch die Firma lautet, stets hat sie die Bezeichnung „Aktiengesellschaft“ zu enthalten. — Diese Vorschriften des § 20 finden jedoch nach Art. 22 des Einführungsgesetzes zum Handelsgesetzbuche, — welcher zunächst bestimmt, daß die zur Zeit des Inkrafttretens des Handelsgesetzbuches, also am 1. Januar 1900, im Handelsregister eingetragenen Firmen weitergeführt werden können, soweit sie nach den bisherigen Vorschriften geführt werden durften — auf die bei dem Inkrafttreten des Handelsgesetzbuches in das Handelsregister eingetragene Firma einer Aktiengesellschaft nur Anwendung, wenn die Firma sich aus Personennamen zusammensetzt und nicht erkennen läßt, daß eine Aktiengesellschaft die Inhaberin ist.

In Erledigung einer Streitfrage verfügt der § 183 Abs. 2, daß auf Verlangen des Aktionärs die Umwandlung seiner auf Namen lautenden Aktie in eine Inhaberaktie oder umgekehrt stattzufinden hat, wenn der Gesellschaftsvertrag eine derartige Bestimmung enthält. Die Umwandlung ist alsdann als eine Verwaltungshandlung im Zweifel durch den Vorstand zu bewirken.

Nach der Novelle vom 18. Juli 1884 ist, auch bei der Simultangründung, die Wahl des ersten Aufsichtsraths in einer Generalversammlung vorzunehmen, wobei es, ebenso wie im Falle der Successivgründung, zweifelhaft bleibt, wer zur Berufung der Generalversammlung die Legitimation besitzt. Der § 190 schafft hier durch die Anordnung in Abs. 1 und 2 Klarheit, daß wenn die Gründer alle Aktien übernehmen (Simultangründung), sie gleichzeitig mit der Errichtung der Gesellschaft oder in einer besonderen, gerichtlichen oder notariellen Verhandlung den ersten Aufsichtsrath zu bestellen haben, daß dagegen die Gründer, wenn sie nicht alle Aktien übernehmen (Successivgründung), nach der Zeichnung des Grundkapitals eine Generalversammlung zur Wahl des Aufsichtsraths berufen müssen.

Im Abs. 3 erklärt der § 190 diese Vorschriften auch auf die Bestellung des ersten Vorstands anwendbar, sofern nicht nach dem Gesellschaftsvertrage die Bestellung in anderer Weise als durch Wahl der Generalversammlung zu geschehen hat.

Die Vorschrift des Art. 209 f, welche ausspricht, daß jede Aktiengesellschaft einen Aufsichtsrath haben muß, ist, wie die Denkschrift hervorhebt, als entbehrlich gestrichen worden. Die Streichung, so heißt es dort, beseitige zugleich einen Zweifel, der mit Rücksicht auf die Uebergangsbestimmungen der Novelle vom 18. Juli 1884 entstanden sei. Der § 2 der letzteren führe nämlich auch den Art. 209 f unter denjenigen Vorschriften an, welche auf Gesellschaften, die vor dem Inkrafttreten der Novelle bereits zum Handelsregister angemeldet waren, keine Anwendung finden sollen, und hieraus sei gefolgert worden, der Aufsichtsrath bilde für ältere

Gesellschaften auch jetzt noch keine nothwendige Einrichtung. Nach dem neuen Handelsgesetzbuche könne es keinem Zweifel unterliegen, daß alle Aktiengesellschaften ohne Ausnahme einen Aufsichtsrath haben müßten.

Diese Ansicht der Denkschrift erscheint jedoch nicht unbedenklich. Der § 190 erklärt nur, daß und wie bei der Gründung einer Aktiengesellschaft ein Aufsichtsrath gewählt werden muß; er stellt sich in noch höherem Maße wie der Art. 209 f als eine reine Gründungsvorschrift dar, welche ihrer Natur nach und auch zufolge der ausdrücklichen Vorschrift des Art. 23 des Einführungsgesetzes zum neuen Handelsgesetzbuche auf Aktiengesellschaften, welche vor dessen Inkrafttreten nach früheren gesetzlichen Bestimmungen rite errichtet sind, keine Anwendung findet, sofern nur ihre Eintragung in das Handelsregister angemeldet worden ist.

Warum man die Bestimmung des Art. 209 f, wonach jede Aktiengesellschaft einen Aufsichtsrath haben muß, beseitigt hat, ist daher nicht erfindlich; diese Bestimmung war klar und deutlich und nur durch ihre verkehrte Eingliederung unter die auf die Gründung bezüglichen Vorschriften und die unglückliche Fassung des vorbezogenen, unter der Herrschaft des neuen Handelsgesetzbuches nicht mehr in Betracht kommenden § 2 der Novelle vom 18. Juli 1884 zweifelhaft geworden.

Durch § 191 werden die gemäß des Art. 209 g vorgeschriebenen Angaben, welche die Gründer, sofern Sacheinlagen gemacht oder der Gesellschaft Vermögensstücke überlassen werden, in einer schriftlichen Erklärung zu machen haben, in einzelnen Beziehungen näher bestimmt und erweitert; die Darlegungspflicht bezieht sich aber, wie die Denkschrift zu § 191 hervorhebt, immer nur auf diejenigen Umstände, welche die Gründer bei pflichtmäßiger Sorgfalt nach Maßgabe der in dem fraglichen Zeitpunkte bestehenden Verhältnisse als wesentlich für die Werthbemessung ansehen müssen; insbesondere haben die Gründer im Falle des Ueberganges eines Unternehmens auf die Gesellschaft die Betriebserträgnisse aus den letzten beiden Geschäftsjahren anzugeben.

Die Vorschrift des § 192 Abs. 2 enthält insofern eine Erweiterung der in Art. 209 h Abs. 1 vorgesehenen Prüfung durch besondere Revisoren, als diese Prüfung stets stattfinden muß, wenn der Fall einer Sacheinlage oder Sachübernahme (§ 186 Abs. 2) vorliegt, einerlei ob dabei Mitglieder des Vorstandes oder Aufsichtsrathes betheiligt sind oder nicht.

Die Ernennung der Revisoren erfolgt in Ermangelung eines für die Vertretung des Handelsstandes berufenen Organes nicht mehr wie nach Art. 209 h durch den Vorstand und den Aufsichtsrath, sondern Inhalts des § 192 Abs. 3 durch das Gericht, in dessen Bezirk die Gesellschaft nach dem Gesellschaftsvertrage ihren Sitz nimmt.

Der § 193 stellt den Umfang der den Revisoren, wie auch dem Vorstande und dem Aufsichtsrathe obliegenden Prüfungspflicht in der Weise fest, daß im Falle einer Sacheinlage oder einer Uebernahme von Vermögensgegenständen die Prüfung sich darauf zu erstrecken hat, ob bezüglich der Angemessenheit der für die eingelegten oder übernommenen Gegenstände gewährten Beträge Bedenken obwalten. Dadurch ist die in Art. 209 h Abs. 2 und 3 festgesetzte Prüfungspflicht erweitert worden.

Auch verfügt der § 193, daß wenn die Revisoren durch das für die Vertretung des Handelsstandes berufene Organ bestellt sind, sie diesem ein Exemplar des Berichts einzureichen haben, dessen Einsicht Jedem gestattet ist. Außerdem muß der Bericht gemäß § 195 Nr. 5 bei der Anmeldung der Gesellschaft auch dem Gerichte eingereicht werden.

Ergeben sich zwischen den Revisoren und den Gründern Meinungsverschiedenheiten über den Umfang der von den Gründern zu gewährenden Aufklärungen und Nachweise, so entscheidet Inhalts des § 194 endgültig diejenige Stelle, von welcher die Revisoren ernannt sind. So lange sich die Gründer weigern, der Entscheidung nachzukommen, unterbleibt die Erstattung des Prüfungsberichtes. Auch gewährt der § 194 den Revisoren Anspruch auf Ersatz angemessener baarer Auslagen und auf Vergütung für ihre Thätigkeit. Die Auslagen und die Vergütung werden durch die vorgedachte Stelle festgesetzt, eine Fassung, wonach nur die Ernennungsstelle die Vergütung festsetzen kann; jede anderweite Abmachung würde ungültig sein.

Nicht der Gesellschaftsvertrag, wie Art. 210 bestimmt, sondern die Gesellschaft ist gemäß § 195 zur Eintragung in das Handelsregister unter Beifügung des Gesellschaftsvertrages anzumelden.

Die Berufung und Leitung der konstituirenden Generalversammlung im Falle der Successivgründung durch das Gericht ist im § 196 beibehalten, jedoch mit zwei sachlichen Abweichungen von der Vorschrift des Art. 210 a. — Nach diesem Artikel können auch Rechtsnachfolger der ersten Zeichner oder Uebernehmer von Aktien in der konstituirenden Generalversammlung mitwirken, sofern sie von der Versammlung zugelassen werden. Diese Bestimmung, welche die Zulassung der Käufer von Antheilsrechten ermöglichen sollte, aber in Bezug auf die Voraussetzungen einer solchen Zulassung zu erheblichen Zweifeln Anlaß gegeben hat, ist schon deshalb nicht aufgenommen worden, weil im § 200 Abs. 2 einer Uebertragung von Antheilsrechten vor der Eintragung der Gesellschaft in das Handelsregister die Wirksamkeit gegenüber der Gesellschaft versagt wird. Daß die Erben der ersten Zeichner oder Uebernehmer von Aktien die Rechte ihres Erblassers auch in der konstituirenden Generalversammlung ausüben können, ist, wie die Denkschrift noch besonders hervorhebt, nicht zu bezweifeln.

Nach dem bisherigen Art. 210 a ist es fraglich, inwieweit bei der Beschlußfassung über die Errichtung der Gesellschaft auch diejenigen Gründer oder sonst Betheiligten stimmberechtigt sind, welche Vermögensgegenstände in die Gesellschaft einbringen oder sich einen besonderen Vortheil oder eine Gründervergütung ausbedungen haben; denn für diese Personen besteht immer ein besonderes, mit dem Interesse der übrigen Aktionäre nicht zusammenfallendes Interesse an dem Zustandekommen der Gesellschaft. Im Abs. 4 des § 196 ist die Frage dahin entschieden, daß den Betreffenden zwar das Stimmrecht nicht entzogen ist, daß die Errichtung der Gesellschaft aber als abgelehnt gilt, wenn die Mehrheit der Stimmen der übrigen bei der Beschlußfassung mitwirkenden Aktionäre sich dagegen ausgesprochen hat. Ein vollständiger Ausschluß der in Frage stehenden Personen von der Ausübung des Stimmrechts würde nach der Denkschrift nicht der Billigkeit entsprechen, da die übrigen Aktionäre sonst in der Lage wären, die Errichtung der Gesellschaft ohne die Mitwirkung der für die Gründung verantwortlichen Betheiligten zu beschließen. Ueberdies wird in den meisten Fällen nur dadurch, daß die Aktien jener Betheiligten mitgezählt werden, die von dem Gesetze geforderte Mehrheit von einem Viertheile des Grundkapitals zu erreichen sein.

Da, wie vorbemerkt, nach § 195 nicht der Gesellschaftsvertrag, sondern die Gesellschaft in das Handelsregister eingetragen wird, so war es nothwendig, den Inhalt der Eintragung näher zu bestimmen. Dies geschieht im § 198 dahin, daß bei der Eintragung die Firma und der Sitz der Gesellschaft, der Gegenstand des Unternehmens, die Höhe des Grundkapitals, der Tag der Feststellung des Gesellschaftsvertrages und die Mitglieder des Vorstandes, sowie auch die Zeitdauer der Gesellschaft anzugeben sind, falls über die letztere der Gesellschaftsvertrag besondere Bestimmungen enthält. Die nach Abs. 2 miteinzutragenden Bestimmungen des Gesellschaftsvertrags über die Befugniß der Mitglieder des Vorstandes oder der Liquidatoren zur Vertretung der Gesellschaft beschränken sich auf etwaige Abweichungen von dem Grundsatze der Gesammtvertretung.

Der Inhalt der öffentlichen Bekanntmachung, welche von dem Registerrichter nach erfolgter Eintragung der Gesellschaft zu erlassen ist, wird im § 199 in einigen Punkten anders bestimmt als im bisherigen Art. 210 c. Neu ist die Vorschrift unter Nr. 2, wonach auch der Betrag, zu welchem die Aktien ausgegeben werden, in der Bekanntmachung anzugeben ist. Da die Aktien nicht selten nach kürzester Zeit zu weit höheren Beträgen für Rechnung der ersten Betheiligten an die Börse gebracht werden, so ist jene Mittheilung in der Bekanntmachung von wesentlicher Bedeutung. Um dem Gerichte die Mittheilung zu ermöglichen, ist im § 195 Abs. 3 vorgeschrieben, daß der Betrag, zu welchem die Aktien ausgegeben werden, bei der Anmeldung der Gesellschaft durch die Gründer und durch die Mitglieder des Vorstandes und des Aufsichtsraths besonders anzugeben ist. Eine falsche Angabe ist nach § 313 Nr. 1 strafbar.

Im Abs. 2 des § 200 ist die Vorschrift des bisherigen Art. 215 c Abs. 2, derzufolge Aktien und Interimsscheine vor der Eintragung der Gesellschaft nicht ausgegeben werden dürfen, dahin erweitert, daß die Antheilsrechte vor diesem Zeitpunkt überhaupt nicht mit Wirksamkeit gegenüber der Gesellschaft veräußerlich sind. Hierdurch wird die Gültigkeit eines Vertrags, durch welchen der eine Theil lediglich die Verpflichtung übernimmt, die von ihm gezeichneten Aktien dem anderen zu übertragen, nicht berührt.

Die in den §§ 8—16 des neuen Handelsgesetzbuches enthaltenen allgemeinen Vorschriften in Betreff der Eintragungen in das Register einer Zweigniederlassung reichen für die Aktiengesellschaft insoweit, als es sich um die erste Eintragung der Zweigniederlassung handelt, nicht aus. Der § 201 gibt daher in seinen ersten vier Absätzen die erforderlichen Ergänzungen. Er weicht von den Bestimmungen des Art. 212 vornehmlich darin ab, daß die ausschließlich für die Beurtheilung der Gründung bedeutsamen Umstände, insbesondere die Namen der Gründer und der Mitglieder des ersten Aufsichtsraths, nur dann in die öffentliche Bekanntmachung des Gerichts der Zweigniederlassung aufgenommen werden sollen, wenn die Eintragung bei diesem Gerichte innerhalb der ersten zwei Jahre nach der Eintragung am Sitze der Gesellschaft stattfindet. Der letztere Zeitraum wird auch sonst im Gesetz als derjenige behandelt, in welchem die Verhältnisse der Gesellschaft noch wesentlich unter dem Einflusse des Gründungsherganges stehen.

Die Vorschriften der ersten vier Absätze des § 201 finden nach der allgemeinen Regel des § 13 Abs. 3 auch auf die Eintragung der inländischen Zweigniederlassung einer ausländischen Aktiengesellschaft Anwendung, soweit nicht das am Sitze der Gesellschaft geltende Recht eine Abweichung nöthig macht.

Geändert ist die Vorschrift des Art. 213 a Abs. 3, wonach für den durch die Zahlungsunfähigkeit eines Aktionärs entstehenden

Ausfall die Gründer schon dann haftbar sein sollen, wenn sie die Zahlungsunfähigkeit des Aktionärs bei der Anmeldung des Gesellschaftsvertrages gekannt hatten. Die Vorschrift geht zu weit (vgl. meinen Kommentar zur Aktiengesetz-Novelle vom 18. Juli 1884, Art. 213 a, Note 5), da die Gründer in dem Zeitpunkte der Anmeldung der Gesellschaft regelmäßig nicht mehr in der Lage sind, einen Betheiligten zurückzuweisen. Im § 202 Abs. 2 ist statt dessen für die Kenntniß der Zeitpunkt als maßgebend erklärt, zu welchem die Gründer die Betheiligung des Zahlungsunfähigen angenommen haben, also im Falle der Simultangründung der Zeitpunkt der gerichtlichen oder notariellen Verhandlung, bei welcher der Betreffende die Aktien übernommen hat, im Falle der Successivgründung der Zeitpunkt der Zutheilung der Aktien.

Der § 205 erklärt Vergleiche oder Verzichtleistungen, welche die der Gesellschaft zustehenden Ansprüche gegen die nach den §§ 202 bis 204 verpflichteten Personen betreffen, erst nach dem Ablaufe von fünf Jahren seit der Eintragung der Gesellschaft und nur mit Zustimmung der Generalversammlung für zulässig, während der bisherige Art. 213 d solche Vergleiche oder Verzichte schon nach Ablauf von drei Jahren gestattet. — Die im bisherigen Art. 213 e angeordnete fünfjährige Verjährung der Ansprüche ist im § 206 beibehalten. — Der die sogenannte Nachgründung betreffende bisherige Art. 213 f setzt den Erwerb von „vorhandenen oder herzustellenden Anlagen oder von unbeweglichen Gegenständen“ vor Ablauf von zwei Jahren seit der Eintragung der Gesellschaft in das Handelsregister für eine den zehnten Theil des Grundkapitals übersteigende Vergütung seitens der Gesellschaft voraus und ordnet dafür die Befolgung gewisser Vorschriften an. In Betreff der unbeweglichen Gegenstände ist jedoch im Abs. 6 eine Ausnahme hiervon für die Fälle gemacht, daß der Zweck des Unternehmens auf den Erwerb solcher Gegenstände gerichtet ist, oder daß der Erwerb im Wege der Zwangsvollstreckung geschieht. In dem den Art. 213 f ersetzenden § 207 ist zunächst der Begriff der Anlagen dahin erläutert, daß darunter dauernd zum Geschäftsbetriebe der Gesellschaft bestimmte Anlagen zu verstehen sind. Außerdem ist die Vorschrift des Art. 213 f Abs. 5 erweitert. Dieser letzteren Vorschrift zufolge sollen in dem Falle, daß ein solcher Erwerb in Ausführung einer vor der Errichtung der Gesellschaft von den Gründern getroffenen Vereinbarung stattgefunden hat, hinsichtlich dieses Erwerbes die Bestimmungen über die Verantwortlichkeit der Gründer und Gründergenossen Anwendung finden. Die Gründer-Verantwortlichkeit tritt also hier nur ein, wenn für die erworbenen Anlagen oder unbeweglichen Gegenstände mehr als $^1/_{10}$ des Grundkapitals vergütet wird, und sie tritt zufolge des vorbezogenen Abs. 6 überhaupt nicht ein, wenn der Erwerb von Grundstücken durch eine Gesellschaft vorgenommen wird, welche diesen Erwerb zum Gegenstande ihres Unternehmens gemacht hat. Durch die Vorschrift des § 208 sind derartige Beschränkungen beseitigt, indem danach, falls die Gesellschaft vor dem Ablauf von zwei Jahren seit ihrer Eintragung in das Handelsregister irgend welche Vermögensgegenstände in Ausführung einer vor jener Eintragung von den Gründern getroffenen Vereinbarung erwirbt, in Betreff der Rechte der Gesellschaft auf Entschädigung und in Betreff der ersatzpflichtigen Personen die Vorschriften der §§ 202, 205, 206 zur Anwendung kommen.

Der Beschluß, durch welchen dem Vertrage die Zustimmung ertheilt wird, bedarf gemäß § 207 Abs. 3 einer Mehrheit, die mindestens drei Viertheile des bei der Beschlußfassung vertretenen Grundkapitals umfaßt. Wird der Vertrag im ersten Jahre nach der Eintragung der Gesellschaft in das Handelsregister geschlossen, so müssen außerdem die Antheile der zustimmenden Mehrheit mindestens ein Viertel des gesammten Grundkapitals darstellen.

Diese Fassung unterscheidet sich von derjenigen des Art. 213 f Abs. 3 insofern, als dieser drei Viertheile des in der Generalversammlung vertretenen Grundkapitals verlangt. Diese Aenderung ist in dem neuen Handelsgesetzbuche nicht nur hier, sondern überall da erfolgt, wo die Beschlußfassung der Generalversammlung mehr als die einfache Mehrheit erfordert, wie z. B. in den §§ 243, 274 (275), 288, 292, 303, und zwar mit Rücksicht auf die bekannte Entscheidung des Reichsgerichts, daß derjenige, welcher in der Generalversammlung anwesend ist, sich aber an der Beschlußfassung nicht betheiligt, bei dieser Gelegenheit nicht als in der Generalversammlung vertreten gilt. Insofern ist die neue Fassung korrekter, obschon daraus noch nicht hervorgeht, daß unter dem bei der Beschlußfassung vertretenen Grundkapital nur das Kapital gemeint ist, welches diejenigen Aktionäre vertreten, die sich an der Beschlußfassung thatsächlich betheiligen. Hätte man eine Mehrheit von drei Viertheilen der abgegebenen Stimmen verlangt, so wäre damit jeder Zweifel beseitigt gewesen; in dieser Weise drückt sich auch das Gesetz betreffend die Gesellschaften mit beschränkter Haftung vom 20. April 1892 in den entsprechenden Vorschriften aus, welches das neue Handelsgesetzbuch sich in anderer Beziehung wiederholt als Muster genommen hat.

Eine Abstimmung nach Maßgabe des Grundkapitals mag ja zufolge der Vorschrift des § 252 „das Stimmrecht wird nach den Aktienbeträgen ausgeübt" die Regel bilden. Der § 252 ordnet aber weiter an, daß der Gesellschaftsvertrag für den Fall, daß ein Aktionär mehrere Aktien besitzt, die Ausübung des Stimmrechts durch Festsetzung eines Höchstbetrages oder von Abstufungen beschränken und bei Ausgabe mehrerer Gattungen von Aktien den Aktien der einen Gattung ein höheres Stimmrecht beilegen kann als den Aktien einer anderen Gattung. Ist daher durch den Gesellschaftsvertrag das Stimmrecht in der einen oder anderen Art beschränkt, so bleibt überall da, wo das Gesetz eine Mehrheit von drei Viertheilen des bei der Beschlußfassung vertretenen Grundkapitals verlangt, nichts übrig, als zunächst die Aktionäre ihr Stimmrecht nach Maßgabe des Statuts ausüben zu lassen und zu prüfen, ob der zur Beschlußfassung stehende Antrag überhaupt die einfache Mehrheit der abgegebenen Stimmen gemäß § 251 erhalten hat, und alsdann zu berechnen, ob die diese Stimmenmehrheit bildenden Aktionäre außerdem drei Viertheile des an der Beschlußfassung betheiligten Grundkapitals repräsentiren.

Jedenfalls empfiehlt es sich bei dieser Sachlage, in jedem Statut der gesetzlichen Regel gemäß ohne Beschränkung das Stimmrecht nach Maßgabe der Aktienbeträge zu ordnen.

II.

Rechtsverhältnisse der Gesellschaft und der Gesellschafter.

Hinsichtlich der Rechtsverhältnisse der Gesellschaft und der Gesellschafter sei zunächst darauf hingewiesen, daß nach § 6 des neuen Handelsgesetzbuches die betreffs der Kaufleute gegebenen Vorschriften auf die Aktiengesellschaften Anwendung finden. Die letzteren haben daher, auch wenn sie ein Kleingewerbe betreiben, die Rechte und Pflichten der Vollkaufleute. Zufolge § 343 sind alle Geschäfte eines Kaufmannes, die zum Betriebe seines Handelsgewerbes gehören, Handelsgeschäfte. Im § 210 Abs. 2 wird die Vorschrift des bisherigen Art. 208 wiederholt, wonach eine Aktiengesellschaft als Handelsgesellschaft gilt, auch wenn der Gegenstand des Unternehmens nicht in dem Betriebe eines Handelsgewerbes besteht. Demnach bilden nunmehr alle Geschäfte der Aktiengesellschaft ohne Ausnahme Handelsgeschäfte.

Der § 212 Abs. 1 gestattet (namentlich im Hinblick auf die Schwierigkeiten, welche sich bei einer wichtigen Gattung industrieller Unternehmungen, den Rübenzuckerfabriken, dadurch ergeben haben, daß bei solchen die Aktionäre die Verpflichtung zu übernehmen pflegen, für jede ihrer Aktien eine bestimmte Bodenfläche mit Zuckerrüben zu bebauen, und die also gewonnenen Rüben gegen Vergütung an die Gesellschaft zu liefern), daß im Gesellschaftsvertrage den Aktionären neben den Kapitaleinlagen die Verpflichtung zu wiederkehrenden, nicht in Geld bestehenden Leistungen auferlegt wird, sofern die Uebertragung der Antheilsrechte an die Zustimmung der Gesellschaft gebunden ist. Eine solche Verpflichtung kann gemäß § 276 nur durch den ursprünglichen Gesellschaftsvertrag oder nur mit Zustimmung sämmtlicher von der Verpflichtung betroffenen Aktionäre begründet werden. Die betreffende Verpflichtung und der Umfang der Leistungen müssen ferner in den Aktien oder Interimsscheinen ersichtlich gemacht werden. Dem Gesellschaftsvertrage bleibt es zufolge § 212 Abs. 2 vorbehalten, Vertragsstrafen für den Fall festzusetzen, daß die Verpflichtung seitens eines Aktionärs nicht oder nicht gehörig erfüllt wird.

Was das Erforderniß der Zustimmung der Gesellschaft zu der Uebertragung der Antheilsrechte betrifft, so entscheidet der Gesellschaftsvertrag darüber, durch welches Organ der Gesellschaft die Zustimmung ertheilt wird, und ob, falls der Vorstand oder Aufsichtsrath hierzu berufen ist, dessen Entscheidung eine endgültige sein soll, oder eine Berufung an die Generalversammlung stattfindet.

Im Gesellschaftsvertrage kann endlich nach § 212 Abs. 3 auch bestimmt werden, daß die Gesellschaft die Zustimmung zur Uebertragung der Antheilsrechte nur aus wichtigen Gründen verweigern darf.

Die §§ 213 bis 215 regeln im Zusammenhange mit den späteren Vorschriften über die Bilanz den Anspruch der Aktionäre auf den Reingewinn; sie stimmen im Allgemeinen mit den bisherigen Art. 216 und 217 überein. Nicht aufgenommen ist im § 213 der Abs. 1 des Art. 216, welcher besagt, daß jeder Aktionär einen verhältnißmäßigen Antheil an dem Vermögen der Gesellschaft habe. Dieser auch in der Litteratur (vergl. meinen Kommentar zur Aktiengesetz-Novelle vom 18. Juli 1884 zu Art. 216 Note 1) nicht ungerügt gebliebene Satz ist, wenn man ihn auf die einzelnen das Gesellschaftsvermögen bildenden Gegenstände beziehen will, auch nach der Denkschrift unrichtig und, soweit er, abgesehen hiervon, eine Bedeutung beanspruchen kann, praktisch unerheblich.

Die Fassung des Abs. 2 des § 213 hat insofern eine Verbesserung erfahren, als danach die Aktionäre nur einen Anspruch auf den Reingewinn haben, soweit dieser nicht nach dem Gesetze oder dem Gesellschaftsvertrage von der Vertheilung ausgeschlossen ist; der entsprechende bisherige Art. 216 enthielt in Abs. 2 nur die Worte: soweit dieser nach dem Gesellschaftsvertrage zur Vertheilung unter die Aktionäre bestimmt ist. Bereits in meiner Abhandlung über den Entwurf zu der Aktiengesetz-Novelle vom 18. Juli 1884 ist S. 61 diese dem Art. 216 gegebene Fassung, allerdings damals ohne Erfolg, beanstandet worden, indem ich ausführte, daß die betreffenden Worte in Abs. 2 mit

Rücksicht auf die durch das Gesetz vorgeschriebene Dotirung des Reservefonds aus dem Reingewinne dahin geändert werden müßten, „soweit dieser nach dem Gesetze und dem Gesellschaftsvertrage zur Vertheilung u. s. w. bestimmt ist".

Der § 214 verfügt zunächst, daß die Antheile am Gewinne sich nach dem Verhältnisse der Aktienbeträge (also der Nominalbeträge) bestimmen, und trifft alsdann die Entscheidung über die bisher zweifelhafte, durch eine gesetzliche Vorschrift nicht geregelte Frage, wie die Gewinnvertheilung zu erfolgen hat, wenn die Einzahlungen nicht auf alle Aktien in demselben Verhältnisse geleistet sind, in Anlehnung an die im § 121 für die offene Handelsgesellschaft gegebenen Vorschriften, welche allerdings in der Praxis bei den Aktiengesellschaften im Allgemeinen keine Nachachtung gefunden haben, dahin, daß in diesem Falle die Aktionäre aus dem vertheilbaren Gewinne vorweg einen Betrag von vier vom Hundert der geleisteten Einzahlungen erhalten; reicht der Jahresgewinn hierzu nicht aus, so soll sich der Betrag nach einem entsprechend niedrigeren Satze bestimmen. Einzahlungen, die im Laufe des Geschäftsjahres zu leisten waren, werden nach dem Verhältnisse der Zeit berücksichtigt, welche seit dem für die Leistung bestimmten Zeitpunkte verstrichen ist.

Im Gesellschaftsvertrage kann jedoch auch eine andere Art der Gewinnvertheilung vorgesehen werden, von welcher Erlaubniß zweifelsohne in reichem Maße Gebrauch gemacht werden wird.

Der § 215 wiederholt die Vorschriften des bisherigen Art. 217. Mein hiervor zu § 213 gedachtes in der Abhandlung vom Jahre 1884 enthaltenes Monitum gegen die Fassung des Art. 216 war aber auch gegen Art. 217 gerichtet, insofern, als danach dasjenige unter die Aktionäre vertheilt werden darf, was sich nach der jährlichen Bilanz als Reingewinn ergibt. Dies ist unrichtig, denn vom Reingewinne ist zunächst die Quote für den Reservefonds in Abzug zu bringen, und nur der Rest darf unter die Aktionäre vertheilt werden; dies hätte in § 215 Abs. 1 ebenso zum Ausdrucke gebracht werden müssen, wie das im § 213 geschehen ist.

In Ergänzung der Bestimmungen des § 212 schreibt der § 216 vor, daß für wiederkehrende Leistungen, zu denen die Aktionäre nach dem Gesellschaftsvertrage neben den Kapitaleinlagen verpflichtet sind, eine den Werth der Leistungen nicht übersteigende Vergütung ohne Rücksicht darauf bezahlt werden darf, ob die jährliche Bilanz einen Reingewinn ergibt.

Bisher ist hinsichtlich der Kommanditgesellschaft auf Aktien im Art. 198 ausdrücklich bestimmt, daß die Aktionäre, soweit sie den gesetzlichen Bestimmungen entgegen Zahlungen von der Gesellschaft empfangen haben, für die Verbindlichkeiten der Gesellschaft haften, es sei denn, daß es sich um Dividenden oder Zinsen handelt, die in gutem Glauben bezogen sind. Für die Aktiengesellschaft enthält der Art. 218 nur die Bestimmung, daß der Aktionär in keinem Fall verpflichtet ist, die in gutem Glauben empfangenen Zinsen und Dividenden zurückzugeben. Der § 217 hat diese Lücke nach Maßgabe des vorbezogenen Art. 198 ausgefüllt.

Was die Geltendmachung der Haftung der Aktionäre betrifft, so bleibt diese im Allgemeinen den einzelnen Gläubigern überlassen; nur für den Fall des Konkurses der Gesellschaft ist im § 217 Abs. 2 angeordnet, daß die den Gläubigern gegen die Aktionäre zustehenden Rechte durch den Konkursverwalter ausgeübt werden.

Die auf die Leistung der Einlagen, insbesondere auf die Folgen der verzögerten Leistung, bezüglichen Vorschriften der §§ 218 bis 221 treten an die Stelle der für die Kommanditgesellschaft auf Aktien gegebenen, aber nach Art. 219 Abs. 2 auch für die Aktiengesellschaft maßgebenden Art. 184 bis 184c. Die letzteren sind fast unverändert übernommen. In Folge der Vorschriften des Bürgerlichen Gesetzbuches ist es nach der Denkschrift nicht mehr für nöthig erachtet worden, wie das in Art. 184 Abs. 2 geschehen, hervorzuheben, daß in Bezug auf die Höhe der Konventionalstrafe die Festsetzungen des Gesellschaftsvertrags einer Beschränkung nicht unterliegen. Dabei hat jedoch die Denkschrift übersehen, daß gemäß § 343 Bürgerlichen Gesetzbuchs die Vertragsstrafe, wenn sie unverhältnißmäßig hoch erscheint, durch den Richter herabgesetzt werden kann; dies gilt nach Art. 348 nur nicht für eine Vertragsstrafe, die von einem Kaufmanne im Betriebe seines Handelsgewerbes versprochen worden ist. Wollte man daher, wie die Ausführungen der Denkschrift erkennen lassen, die Vorschrift des Art. 184 Abs. 2 aufrecht erhalten, so hätte der betreffende Passus nicht einfach gestrichen werden dürfen.

Die Vorschriften des § 221, wonach die Aktionäre von den ihnen nach den §§ 211 und 220 obliegenden Leistungen nicht befreit werden können, fassen die Bestimmungen der bisherigen Art. 184a Abs. 3 und 184b Abs. 3 zusammen. In Ansehung der Verpflichtung des Aktionärs zur Entrichtung von Zinsen oder Vertragsstrafen gilt diese Beschränkung nicht, und ebensowenig soll, abweichend vom bisherigen Art. 184c, der Ausschluß der Aufrechnungsbefugniß des Aktionärs auf die Entrichtung von Zinsen und Vertragsstrafen Anwendung finden. Der zweite Satz des Art. 184c, nach welchem an dem Gegenstand einer zu leistenden Einlage auch ein Zurückbehaltungsrecht nicht stattfindet, soweit es sich nicht um eine Gegenforderung handelt, die sich auf die Einlage selbst bezieht, ist in das neue Handelsgesetzbuch nicht aufgenommen, weil der § 273 des Bürgerlichen Gesetzbuchs ein Zurückbehaltungsrecht überhaupt nur für Ansprüche anerkennt, die auf demselben rechtlichen Verhältnisse wie die Verbindlichkeit des Schuldners beruhen.

Die §§ 222 bis 224, welche die Eintragung der auf Namen lautenden Aktien und der Interimsscheine in das Aktienbuch und die Uebertragung derselben auf Andere regeln, geben mit einigen Aenderungen den Inhalt der bisherigen Art. 220, 182 bis 183a wieder. Die Aenderungen beschränken sich auf folgende Punkte:

Auf die Uebertragung der Aktien durch Indossament sind im Art. 182 Abs. 3 nur die von der Form des Indossaments handelnden Art. 11 bis 13 der Wechselordnung, nicht aber die auf die Legitimation des Besitzers der Urkunde und seine Verpflichtung zur Herausgabe bezüglichen Art. 36 und 74 der W.O.

für anwendbar erklärt. Der gutgläubige Erwerber einer dem Veräußerer nicht gehörenden Namensaktie entbehrt daher gegenwärtig eines Schutzes. Im § 222 Abs. 3 des Entwurfs ist diese Lücke ergänzt.

Die Denkschrift hebt hierbei hervor, man habe davon abgesehen, besondere Vorschriften für Inhaberaktien zu geben. Die Bestimmungen der §§ 777 bis 792 des Bürgerlichen Gesetzbuches hätten allerdings nur die Schuldverschreibungen auf den Inhaber zum Gegenstande; soweit sie indessen Fragen regelten, welche die Natur der Inhaberpapiere überhaupt beträfen, würden sie für alle Inhaberpapiere Anerkennung zu finden haben.

Die Vorschrift, daß die Aktien untheilbar sind (Art. 207 Abs. 3, § 179 Abs. 1), hat Zweifel in der Richtung hervorgerufen, ob überhaupt ein Miteigenthum Mehrerer an einer Aktie möglich sei, und in welcher Weise solchen Falls die Betheiligten, insbesondere mehrere Miterben, ihre Rechte aus der Aktie auszuüben haben. Durch die Vorschrift im § 225 werden die fraglichen Zweifel beseitigt. Danach können, wenn eine Aktie mehreren Mitberechtigten zusteht, diese die Rechte aus der Aktie nur durch einen gemeinschaftlichen Vertreter ausüben; für die auf die Aktie zu bewirkenden Leistungen haften sie als Gesammtschuldner; falls die Gesellschaft eine Willenserklärung dem Aktionär gegenüber abzugeben hat, ein gemeinschaftlicher Vertreter der Mitberechtigten aber nicht vorhanden ist, genügt der Regel nach die Erklärung gegenüber einem von ihnen. Im Einzelnen schließen sich die Vorschriften des § 225 an die Bestimmungen an, welche im § 18 des Gesetzes betreffend die Gesellschaften mit beschränkter Haftung vom 20. April 1892 getroffen sind.

Die Vorschriften des Art. 215 d Abs. 1 über den Erwerb und die Pfandnahme eigener Aktien durch die Gesellschaft sind im § 226 ohne wesentliche Aenderung wiedergegeben. An Stelle der Worte „im geschäftlichen Betriebe" ist im Anschluß an den § 8 Abs. 4 des Genossenschaftsgesetzes der Ausdruck „im regelmäßigen Geschäftsbetriebe" gewählt. Auch sind im Abs. 2 mit Rücksicht auf die neuen Vorschriften des § 179 Abs. 3 und 4

Namensaktien, die vor der vollen Leistung der Einzahlungen ausgegeben sind, den Interimsscheinen gleichgestellt.

Was die Einziehung (Amortisation) von Aktien betrifft, so unterscheidet der bisherige Art. 215 d Abs. 2 zwei Fälle: die Amortisation aus dem Grundkapital und die Amortisation aus dem nach der Jahresbilanz verfügbaren Reingewinne. In dem ersteren Falle ist die Amortisation, auch wenn sie bereits in dem ursprünglichen Gesellschaftsvertrage vorgesehen ist, nur unter Beobachtung der für die Rückzahlung oder Herabsetzung des Grundkapitals maßgebenden Vorschriften zulässig, wogegen es im letzteren Falle der Beobachtung dieser Vorschriften nicht bedarf. Dieses System liegt auch dem § 227 zu Grunde; derselbe enthält jedoch einzelne Abweichungen von Art. 215 d Abs. 2.

Die Einziehung (Amortisation) von Aktien kann nach § 227 nur erfolgen, wenn sie im Gesellschaftsvertrage angeordnet oder gestattet ist. Die Bestimmung muß in dem ursprünglichen Gesellschaftsvertrage oder durch eine vor der Zeichnung der Aktien bewirkte Aenderung des Gesellschaftsvertrages getroffen sein, es sei denn, daß die Einziehung nicht mittelst Auslosung, Kündigung oder in ähnlicher Weise, sondern mittelst Ankaufs der Aktien geschehen soll.

Jede Art der Einziehung darf, sofern sie nicht nach den für die Herabsetzung des Grundkapitales maßgebenden Vorschriften stattfindet, nur aus dem nach der jährlichen Bilanz verfügbaren Gewinne erfolgen.

Hiernach ist also eine jede Amortisation nur möglich, wenn der Gesellschaftsvertrag sie gestattet, während nach dem bisherigen Art. 215 d eine nicht im Gesellschaftsvertrage vorgesehene Amortisation zulässig ist, wenn sie unter Beobachtung der Vorschriften für die Zurückzahlung oder Herabsetzung des Grundkapitales erfolgt. Andererseits braucht die betreffende Bestimmung des Gesellschaftsvertrages nicht bei jeder Art der Amortisation, die ohne Beobachtung der Vorschriften für die Herabsetzung des Grundkapitals erfolgt, vor der Zeichnung der Aktien getroffen zu sein, — vielmehr ist bei der Amortisation durch Ankauf, auch eine nachträgliche Aenderung des Gesellschaftsvertrages ausreichend. Ein einfacher Beschluß der Generalversammlung genügt in keinem Falle. Die Amortisation kann, wie schon der Art. 215 d Abs. 2 anordnet, aus dem Grundkapitale oder aus dem nach der Jahresbilanz verfügbaren Gewinne erfolgen. Erfolgt sie aus dem Grundkapitale, so müssen stets die für die Herabsetzung desselben maßgebenden Vorschriften beobachtet werden. Die Amortisation aus dem verfügbaren Gewinne, wobei es der Beobachtung dieser Vorschriften nicht bedarf, kann gleichfalls in anderer Weise, als durch Ankauf von Aktien nur stattfinden, wenn sie in dem ursprünglichen Gesellschaftsvertrage oder durch eine vor der Zeichnung der Aktien bewirkte Aenderung des Gesellschaftsvertrages vorgesehen ist.

Erfolgt die Amortisation aus dem Jahresgewinne, so hält die Denkschrift es für selbstverständlich, daß demnächst in der Bilanz entweder das unveränderte Grundkapital oder neben dem verminderten Grundkapitale ein dem Nennbetrage der amortisirten Aktien entsprechender besonderer Posten unter die Passiven aufzunehmen ist. Letzteres dürfte dem Sachverhalte mehr entsprechen; denn eine Verminderung des Grundkapitales um den betreffenden Betrag ist thatsächlich eingetreten und die Bilanz soll nach gesetzlicher Bestimmung das wirkliche Grundkapital enthalten. In manchen Statuten findet sich auch die Bestimmung, daß in der Generalversammlung behufs deren Beschlußfähigkeit ein gewisser Theil des Grundkapitals vertreten sein bezw. daß die Stimmenmehrheit einen gewissen Theil des Grundkapitals darstellen muß. In diesen Fällen würde, wenn man nach stattgehabter Amortisation das frühere Grundkapital weiter führen wollte, die Streitfrage entstehen, ob jener Theil des Grundkapitals von dem bilanzmäßigen Grundkapitale berechnet werden muß, oder ob bei dieser Berechnung der amortisirte Theil von dem in der Bilanz aufgeführten Grundkapitale in Abzug gebracht werden kann. Eine gleiche Frage würde sich aufwerfen im Falle der Anwendung der Vorschrift des ersten Absatzes des mit dem bisherigen Art. 240 gleichlautenden § 240, wonach der Vorstand zur Berufung einer

Generalversammlung verpflichtet ist, wenn der Verlust, der sich bei Aufstellung einer Bilanz ergibt, die Hälfte des Grundkapitales erreicht.

Der § 228 regelt das Aufgebot und die Kraftloserklärung abhanden gekommener oder vernichteter Aktien und Interimsscheine, wofür bisher reichsgesetzliche Vorschriften nicht bestanden. Die Bestimmung bezieht sich nicht nur auf Inhaberaktien sondern auch auf Namensaktien, einschließlich derjenigen, welche gemäß § 222 Abs. 4 nicht durch Indossament übertragen werden können. Sind Gewinnantheilscheine auf den Inhaber ausgegeben, so erlischt, abweichend von dem im § 803 Bürgerlichen Gesetzbuches für Zinsscheine, welche für eine Schuldverschreibung auf den Inhaber ausgestellt sind, enthaltenen Grundsatze, mit der Kraftloserklärung der Aktie oder des Interimsscheines auch der Anspruch aus den noch nicht fälligen Gewinnantheilscheinen.

Die §§ 229 und 230 enthalten in Anlehnung an die §§ 798 und 805 Bürgerlichen Gesetzbuches Vorschriften darüber, unter welchen Voraussetzungen und in welcher Weise an Stelle von beschädigten Aktien und Interimsscheinen neue Dokumente ausgefertigt werden, und in welchem Falle neue Gewinnantheilscheine an den Inhaber des Erneuerungsscheines nicht ausgegeben werden dürfen.

III.
Verfassung und Geschäftsführung.

Anlangend die Verfassung und Geschäftsführung der Aktiengesellschaft, so entsprechen die den Vorstand betreffenden §§ 231 bis 236, 238 bis 242, wenn auch in veränderter Anordnung und Fassung und zum Theil mit abweichendem Inhalt, den bisherigen Art. 227, 229, 231 bis 234, 239 Abs. 1, 240 und 241. In Bezug auf das Vertragsverhältniß zwischen den Vorstandsmitgliedern und der Gesellschaft kommen in Ermangelung besonderer Vereinbarungen der Regel nach, falls nämlich das Amt besoldet ist, nach der Denkschrift die Vorschriften des Bürgerlichen Gesetzbuchs über den Dienstvertrag zur Anwendung; hiernach bestimmt sich im Zweifel auch das gegenseitige Kündigungsrecht sowie der Umfang der Ansprüche eines Vorstandsmitgliedes, dessen Bestellung gemäß § 231 Abs. 3 widerrufen wird. Die im Art. 227 enthaltene Bestimmung, daß die Vorstandsmitglieder besoldet oder unbesoldet, Aktionäre oder Andere sein können, ist im § 231 als selbstverständlich fortgeblieben.

Der Grundsatz des Art. 229 Abs. 1, wonach in Ermanglung einer abweichenden Bestimmung des Gesellschaftsvertrags die sämmtlichen Mitglieder des Vorstandes nur gemeinsam zur Vertretung der Gesellschaft ermächtigt sind, ist im § 232 beibehalten, aber ebenso, wie es bei der offenen Handelsgesellschaft im § 125 für den Fall der vertragsmäßig festgesetzten Gesammtvertretung geschehen ist, durch die Vorschrift abgeschwächt, daß der Vorstand einzelne seiner Mitglieder zur Vornahme bestimmter Geschäfte oder bestimmter Arten von Geschäften ermächtigen kann. In Uebereinstimmung mit jenem § 125 ist ferner im § 232 unter der Voraussetzung, daß nicht jedem einzelnen Vorstandsmitgliede die selbständige Vertretung der Gesellschaft nach dem Gesellschaftsvertrage zusteht, die statutarische Anordnung für zulässig erklärt, daß die einzelnen Vorstandsmitglieder nicht nur mit anderen Vorstandsmitgliedern, sondern auch mit einem Prokuristen zusammen zur Vertretung der Gesellschaft befugt sein sollen. Ebenso ist es gestattet, daß der Gesellschaftsvertrag den Aufsichtsrath ermächtigt, einzelnen Mitgliedern des Vorstandes die Befugniß zu ertheilen, die Gesellschaft allein oder in Gemeinschaft mit einem Prokuristen zu vertreten. Die Vorschrift entspricht einem praktischen Bedürfnisse, das schon jetzt zur Aufnahme ähnlicher Bestimmungen in zahlreiche Gesellschaftsstatuten geführt hat, obwohl die Zulässigkeit derartiger Festsetzungen bisher zweifelhaft war.

In den Art. 232, 196a ist die Verpflichtung der Vorstandsmitglieder, sich des eignen Handelsbetriebs und der Betheiligung an einer anderen Handelsgesellschaft zu enthalten, im Anschluß an die für die Mitglieder einer offenen Handelsgesellschaft geltenden Vorschriften geregelt und demgemäß auf den Abschluß von Geschäften in dem Handelszweige der Aktiengesellschaft und auf die Betheiligung an einer gleichartigen Gesellschaft beschränkt. In dem an die Stelle dieser Bestimmungen tretenden § 236 sind dagegen die entsprechenden für Handlungsgehülfen gegebenen Vorschriften als Vorbild genommen, so daß den Mitgliedern des Vorstandes nicht nur untersagt ist, ohne Einwilligung der Gesellschaft im Handelszweige derselben Geschäfte für eigene oder fremde Rechnung zu machen, sondern ihnen in gleicher Weise die Verpflichtung auferlegt wird, sich des Betriebes jedes Handelsgewerbes sowie der Betheiligung als persönlich haftender Gesellschafter an irgend einer anderen Gesellschaft zu enthalten. Für diejenigen Personen, welche bei dem Inkrafttreten der neuen Bestimmung Vorstandsmitglieder von Aktiengesellschaften sind, enthält der Art. 27 des Einführungsgesetzes eine Uebergangsvorschrift, wonach für die Dauer ihrer Bestellung die Vorschriften des § 236 über den Betrieb eines Handelsgewerbes und über die Betheiligung an einer anderen Gesellschaft nur in der Beschränkung auf den Handelszweig der Aktiengesellschaft Anwendung finden.

Was die Frage betrifft, in welcher Weise die nach dem Gesetz erforderliche Einwilligung der Gesellschaft zu der in Frage stehenden Thätigkeit eines Vorstandsmitglieds ertheilt wird, so überträgt der § 236 die Befugniß hierzu demjenigen Gesellschaftsorgane, welches mit der Anstellung der Vorstandsmitglieder betraut ist, während die bisherigen Art. 232, 196a stets eine Beschlußfassung der Generalversammlung erfordern, soweit nicht diese oder der Gesellschaftsvertrag dem Aufsichtsrathe die Entscheidung überlassen hat.

Uebrigens hat die Reichstagskommission in ihrem Berichte festgestellt, „daß bei Aktiengesellschaften, die Bankgeschäfte betreiben, eigene Spekulationsgeschäfte der Vorstandsmitglieder zweifellos unter das Verbot des § 236 fallen“.

Der § 237 ist auf Antrag der Reichstagskommission in das Gesetz eingefügt worden; er enthält die Bestimmung, daß wenn den Mitgliedern des Vorstandes ein Antheil am Jahresgewinne (Tantième) gewährt wird, dieser von dem nach Vornahme sämmtlicher Abschreibungen und Rücklagen verbleibenden Reingewinne zu berechnen ist.

In der Folge soll also die Tantième der Vorstandsmitglieder sich nicht mehr nach dem durch ihre Thätigkeit erzielten Erträgnisse, sondern nur nach dem Betrage richten, welcher von diesem Erträgnisse auf Grund des Beschlusses der Aktionäre unter sie als Dividende vertheilt wird. Ob dieser Grundsatz richtig ist, erscheint fraglich. Daß das Gedeihen einer Aktiengesellschaft wesentlich von der Persönlichkeit des Vorstandes abhängt, bedarf keiner Ausführung. Was von ihm über die erforderlichen Abschreibungen hinaus verdient wird, ist ein wirklicher Gewinn, welcher, wenn er nicht unter die Aktionäre zur Vertheilung gelangt, der Gesellschaft verbleibt und ihr also zu Gute kommt, sei es, daß dadurch ihre finanzielle Lage verbessert wird, sei es, daß dadurch ihre Anlagen und Betriebseinrichtungen vergrößert und vervollkommnet oder sonstige Maßnahmen in ihrem Interesse vorgenommen werden. Die Tantième soll aber für den, dem sie in Aussicht gestellt wird, ein Antrieb sein, seine Thätigkeit hochgradiger zu entwickeln; sie müßte also auch geleistet werden von all' dem, was auf diese Weise für die Gesellschaft als Gewinn erzielt ist, nicht aber blos von dem, was nach dem Willen der Aktionäre davon als Dividende vertheilt wird.

So birgt die neue Anordnung die Gefahr in sich, die Solidität unseres Aktienwesens zu untergraben. Wenn heute die Bilanzen der Aktiengesellschaften im Allgemeinen in vorsichtiger Weise aufgemacht und darin größere Rücklagen eingestellt werden, als dies unbedingt nothwendig ist, so hat dies seinen Grund wohl mit in dem Umstande, daß sich die Tantièmen von dem wirklich erzielten Gewinne berechnen. Dürfen dieselben aber in der Folge nur von dem unter die Aktionäre zur Vertheilung gebrachten Gewinne berechnet werden, so kann dies für Vorstandsmitglieder Veranlassung werden, mehr Gewicht auf hohe Dividenden als auf große Rückstellungen zu legen. Die Aktionäre werden ja in den meisten Fällen nicht abgeneigt sein, auf diesbezügliche Anträge einzugehen; ihnen liegt, namentlich bei Gesellschaften, deren Aktien an der Börse gehandelt werden, nicht immer das Geschick der Gesellschaft mehr als die Höhe der Dividende am Herzen. Außerdem wird die neue Vorschrift naturgemäß dazu führen, daß die Vorstandsmitglieder, welche dadurch in der Folge in ihren Tantièmenbezügen beeinträchtigt werden, ihre festen Gehälter oder den Procentsatz der Tantièmen erhöht, bezw. die letzteren mit einer bestimmten Summe garantirt erhalten.

Daß die Tantième nicht von den zu Abschreibungen verwendeten Beträgen berechnet werden kann, ist übrigens auch gegenwärtig kaum zweifelhaft; denn nur das, was nach Vornahme der Abschreibungen verbleibt, bildet den Reingewinn. Es hätte daher im § 237 der an und für sich nicht einmal korrekten Anführung nicht bedurft, daß die Tantième aus dem nach Vornahme der Abschreibungen verbleibenden Reingewinne zu berechnen sei. Dagegen werden die Reserven (Rücklagen) dem jährlichen Reingewinne entnommen (vergl. auch die Vorschrift des § 262 Nr. 1). Als eine solche Rücklage muß auch der Vortrag auf neue Rechnung gelten.

Als ein Grund, Ersatzansprüche gegen Vorstandsmitglieder geltend zu machen, ist in dem § 241, der im Uebrigen inhaltlich dem bisherigen Art. 241 entspricht, neu eingefügt, die Leistung von Zahlungen, nachdem die Zahlungsfähigkeit der Gesellschaft eingetreten ist oder ihre Ueberschuldung sich ergeben hat.

Die §§ 243 bis 249 fassen die zum Theil in den Art. 224, 191, 192, 194, 225, 225a, 226 enthaltenen Vorschriften über den Aufsichtsrath zusammen. Bezüglich der gesetzlichen Dauer des ersten Aufsichtsraths und der höchsten Grenze für die Amtsdauer der späteren Aufsichtsrathsmitglieder ist im § 243 Abs. 2 und 3 insofern eine Aenderung vorgenommen, als die betreffenden Zeiträume nicht mehr wie bisher mit dem Schluß eines bestimmten Geschäftsjahres, sondern mit der Beendigung der alljährlich abzuhaltenden sogenannten ordentlichen Generalversammlung, welche über die Bilanz beschließt, ablaufen sollen, wie sich dies in der Praxis nach Maßgabe der betreffenden Bestimmungen der Gesellschaftsverträge längst eingebürgert hat.

In meiner Anfangs 1884 erschienenen Abhandlung über den Entwurf zu der Aktiengesetz-Novelle vom 18. Juli 1884 hatte ich auf S. 45 schon diese Fassung in Vorschlag gebracht, damals jedoch ohne Erfolg.

Aus der etwas verwickelten und daher nicht ganz deutlichen Fassung des Abs. 3 des § 243, wonach der Aufsichtsrath nicht für eine längere Zeit als bis zur Beendigung derjenigen Generalversammlung gewählt werden kann, welche über die Bilanz für das vierte Geschäftsjahr nach der Ernennung beschließt, mit der Maßgabe, daß das Geschäftsjahr, in welchem die Ernennung erfolgt, hierbei nicht mitgerechnet wird, ergibt sich mit anderen Worten, daß die Amtsdauer fünf Jahre beträgt, von ordentlicher zu ordentlicher Generalversammlung gerechnet.

Gemäß Abs. 4 des § 243 kann entsprechend dem Abs. 4 der bisherigen Art. 224, 191 die Generalversammlung die Bestellung zum Mitgliede des Aufsichtsraths jederzeit widerrufen. Nach dem bisherigen Art. 224 bedarf dieser Beschluß einer Mehrheit von drei Viertheilen des in der Generalversammlung vertretenen Grundkapitals. Der § 243 verlangt dagegen eine Mehrheit von drei Viertheilen des bei der Beschlußfassung vertretenen Grundkapitals, so daß die Stimmen bezw. Aktienbeträge der an der Abstimmung nicht Theilnehmenden bei Ermittlung dieser Mehrheit nicht mitgezählt werden. (Vgl. meine hiervor zu § 207 Abs. 3 gemachten Bemerkungen.) Außerdem bestimmt der § 243 abweichend von Art. 224, daß die gedachte Mehrheit keine zwingende ist, sondern durch den Gesellschaftsvertrag anders bestimmt werden kann. Während die Mitglieder des ersten Aufsichtsraths schon gegenwärtig nach Art. 210, 210c dem Registergericht angezeigt und von diesem öffentlich bekannt gemacht werden, sind Veröffentlichungen über spätere Veränderungen im Aufsichtsrathe durch das Registergericht nicht vorgeschrieben. Dagegen macht der § 244 dem Vorstande zur Pflicht, jede Aenderung in den Personen der Mitglieder des Aufsichtsraths in den Gesellschaftsblättern bekannt zu machen und die Bekanntmachung zum Handelsregister einzureichen. Eine Eintragung der jeweiligen Mitglieder des Aufsichtsraths in das Handelsregister ist jedoch nicht vorgesehen.

Der § 245, dessen Abs. 3 die Vorschriften der Art. 224, 192 betreffend die dem ersten Aufsichtsrath zu bewilligende Vergütung in etwas geänderter Fassung wiederholt, enthält in seinen beiden ersten Absätzen Bestimmungen, wonach eine dem Aufsichtsrathe zustehende prozentuale Tantième nur berechnet werden kann von dem Reingewinne, welcher nach Vornahme sämmtlicher Abschreibungen und Rücklagen sowie nach Abzug eines für die Aktionäre bestimmten Betrages von mindestens 4 % des eingezahlten Grundkapitals verbleibt und jede im Gesellschaftsvertrage für den Aufsichtsrath festgesetzte Vergütung, mag dieselbe also in einer prozentualen Tantième oder in einer bestimmten Summe bestehen, durch einen den Gesellschaftsvertrag abändernden Beschluß der Generalversammlung herabgesetzt werden kann, und zwar abweichend von der sonst für Abänderungen des Gesellschaftsvertrages geltenden Regel mit einfacher Stimmenmehrheit.

Für feste Vergütungen, einerlei ob dieselben durch den Gesellschaftsvertrag oder durch jedesmaligen Beschluß der Generalversammlung bewilligt werden, besteht demnach in Bezug auf ihre Höhe keine Beschränkung. Auch ist es zulässig, neben einer prozentualen Tantième den Mitgliedern des Aufsichtsraths eine bestimmte Summe zuzubilligen oder ihnen die Tantième mit einem Mindestbetrage zu gewährleisten.

Die Legitimation des Aufsichtsraths zur Führung der Namens der Gesellschaft gegen die Mitglieder des Vorstandes anzustrengenden Rechtsstreitigkeiten ist im § 247 in demselben Umfange wie in den bisherigen Art. 223 Abs. 3 und 194 anerkannt. Außerdem führt der § 247, im Anschluß an den § 37 des Genossenschaftsgesetzes, auch noch die Vornahme von Rechtsgeschäften mit den Vorstandsmitgliedern als einen besonders wichtigen Fall an, in welchem dem Aufsichtsrathe die Vertretung der Gesellschaft zukommt.

Nach dem § 248 können, ebenso wie nach dem bisherigen Art. 225a, die Mitglieder des Aufsichtsraths nicht zugleich Mitglieder des Vorstandes sein; es ist nur gestattet, einzelne Aufsichtsrathsmitglieder für einen im Voraus begrenzten Zeitraum zu Vertretern von behinderten Vorstandsmitgliedern zu bestellen. Der § 248 ergänzt die letztere Vorschrift dahin, daß auf solche Stellvertreter die Bestimmungen des § 236 über das Verbot des eigenen Handelsbetriebes durch Mitglieder des Vorstandes außer Anwendung bleiben sollen.

Der § 249 behandelt die Ersatzpflicht der Aufsichtsrathsmitglieder und stimmt im Wesentlichen mit dem bisherigen Art. 226 überein.

Da die Pflicht der Aufsichtsrathsmitglieder, bei der Erfüllung ihrer Obliegenheiten die Sorgfalt eines ordentlichen Geschäftsmannes anzuwenden, sich nach der Denkschrift nicht nur auf die ihnen im Gesetze zugewiesene Aufsichtsführung, sondern auch auf die ihnen sonst, insbesondere im Gesellschaftsvertrag, übertragenen Verrichtungen beziehen soll, worüber die Fassung des ersten Absatzes des bisherigen Art. 226 Zweifel aufkommen läßt, so ist der erste Absatz des § 249 entsprechend anders gefaßt worden. Im Uebrigen ist die Verantwortlichkeit der Aufsichtsrathsmitglieder für Pflichtwidrigkeiten nur durch die Bezugnahme auf den § 241 Abs. 3 und 4 insofern erweitert worden, als nunmehr die verschärfte Ersatzpflicht, welche von den Gesellschaftsgläubigern geltend gemacht werden kann, auch in dem Falle eintritt, daß mit Wissen und ohne Einschreiten des Aufsichtsraths Zahlungen geleistet sind, nachdem die Zahlungsunfähigkeit der Gesellschaft eingetreten ist oder ihre Ueberschuldung sich ergeben hat. Der Bericht der Reichtagskommission hebt noch besonders hervor, daß nur diejenigen Mitglieder des Aufsichtsraths mit den Mitgliedern des Vorstandes als Gesammtschuldner haften, bei denen eine Verletzung ihrer Obliegenheiten vorliegt.

In dem § 250, welcher die die Generalversammlung betreffenden Vorschrifren einleitet, ist der im bisherigen Art. 221 Abs. 1 ausgesprochene Grundsatz wiederholt, daß die den Aktionären in den Angelegenheiten der Gesellschaft zustehenden Rechte durch Beschlußfassung in der Generalversammlung ausgeübt werden. Die Wirksamkeit der durch die Mehrheit gebildeten Entschließungen soll sich auf die Angelegenheiten der Gesellschaft im Gegensatze zu den Angelegenheiten der einzelnen Mitglieder erstrecken. Der im § 35 des Bürgerlichen Gesetzbuchs für Vereine ausgesprochene Grundsatz, daß Sonderrechte der Mitglieder ohne deren Zustimmung durch Beschlüsse der Mitgliederversammlung nicht beeinträchtigt werden können, gilt, wie die Denkschrift besonders hervorhebt, auch für die Aktiengesellschaft. Welche einzelnen Rechte der Aktionäre sich jedoch als Sonderrechte darstellen, bleibt nach wie vor eine zweifelhafte, nicht immer leicht zu lösende Frage.

Der § 251 ersetzt die bisher im Art. 209a Nr. 5 enthaltene Vorschrift, indem er bestimmt, daß die Beschlüsse der Generalversammlung der Mehrheit der abgegebenen Stimmen (einfache Stimmenmehrheit) bedürfen, sofern nicht durch das Gesetz oder den Gesellschaftsvertrag eine größere Mehrheit oder sonstige Erfordernisse vorgeschrieben sind. Durch die Fassung wird zugleich klargestellt, daß der Ausdruck „einfache Stimmenmehrheit“ überall im Gesetz in der Bedeutung von absoluter Mehrheit zu verstehen ist. In Ansehung der Beschlußfassung bei Wahlen enthält der Abs. 2 einen besonderen Vorbehalt, wonach im Gesellschaftsvertrage hierfür auch andere Bestimmungen getroffen werden können, z. B. dahin, daß dabei die relative Mehrheit genügt oder im Falle der Stimmengleichheit das Loos zu entscheiden hat, u. dgl. m.

Der § 252 ordnet die Ausübung des Stimmrechts in der Generalversammlung fast in der nämlichen Weise, wie dies bisher durch die Art. 221 Abs. 2, 190 geschieht; nur ist durch die veränderte Fassung des § 252 Abs. 1 klargestellt, daß, im Falle der Ausgabe verschiedener Gattungen von Aktien, den Aktien der einen Gattung ein höheres Stimmrecht als denen einer anderen Gattung im Gesellschaftsvertrage eingeräumt werden kann, ohne daß es nothwendig ist, daß die einzelnen Aktionäre sich im Besitze mehrerer

Aktien befinden. Ferner wird durch den § 252 Abs. 3 im Anschluß an den § 34 des Bürgerlichen Gesetzbuches auch für den Fall der Beschlußfassung über die Einleitung oder Erledigung eines Rechtsstreites zwischen der Gesellschaft und einem Theilnehmer der Generalversammlung das Stimmrecht des letzteren ausgeschlossen.

Die Vorschrift des bisherigen Art. 237, betreffend das Recht der Aktionäre, die Berufung einer Generalversammlung und die Ankündigung von Gegenständen zur Beschlußfassung einer Generalversammlung zu verlangen, findet sich im § 254 wieder, jedoch ist im Abs. 3 zum Ausdruck gebracht, daß Aktionäre, welche auf Grund des Besitzes von einem Zwanzigstel des Grundkapitals die Berufung einer Generalversammlung oder die Ankündigung von Gegenständen zur Beschlußfassung verlangen, sich erst dann an das Gericht wenden können, wenn ihr an den Vorstand und an den Aufsichtsrath gerichtetes Verlangen ein vergebliches gewesen ist. Im Falle das Gericht dem Gesuche stattgibt, kann dasselbe zugleich über die Führung des Vorsitzes in der Generalversammlung Bestimmung treffen. Auch enthält in Erledigung einer Streitfrage der § 254 in Abs. 4 die Vorschrift, daß die betreffende Generalversammlung darüber zu beschließen hat, wem die durch die Berufung und Abhaltung der Generalversammlung entstandenen Kosten, einschließlich der Kosten des etwaigen gerichtlichen Verfahrens, zur Last fallen.

Der § 255, welcher den bisherigen Art. 238 Abs. 1 ersetzt und die Art der Berufung der Generalversammlung regelt, enthält zunächst in Abs. 1 die Neuerung, daß entsprechend der Vorschrift des § 87 B.G.B. bei der Berufung der Generalversammlung, die wie bisher mit einer Frist von mindestens zwei Wochen zu erfolgen hat, der Tag der Berufung und der Tag der Generalversammlung nicht in die Frist einzurechnen sind. Im Abs. 2 verfügt der § 255, daß, wenn nach dem Gesellschaftsvertrage die Ausübung des Stimmrechts von der Hinterlegung der Aktien vor der Generalversammlung abhängig gemacht ist, die fristmäßige Hinterlegung bei einem Notar genügt. Dabei dürfte anzunehmen sein, daß die Hinterlegung nur bei einem deutschen Notar erfolgen kann.

Wenn auch von dieser Befugniß schon wegen der mit einer solchen notariellen Hinterlegung verbundenen Kosten nur selten Gebrauch gemacht werden wird, so können dadurch doch der Gesellschaft und den Aktionären unter Umständen wegen der dabei zu übenden strengen Kontrole Schwierigkeiten bereitet werden. Jedenfalls ist darauf zu achten, damit nicht dieselben Aktien zu verschiedenen Zeiten bei verschiedenen Notaren hinterlegt und alsdann die Hinterlegungsscheine mißbräuchlich benutzt werden, daß in letzteren die Stücke genau nach Nummern, Gattungen u. dgl. m. bezeichnet werden. Jedenfalls muß der Hinterlegungsschein, um der Gesellschaft die Prüfung zu ermöglichen, nach Analogie des Abs. 3 des § 255 spätestens am dritten Tage vor der Generalversammlung der Gesellschaft ausgeliefert werden. Vielleicht wäre es zweckmäßiger gewesen, statt bei einem Notar die Hinterlegung bei der deutschen Reichsbank und deren Haupt- und Nebenstellen zuzulassen.

Der Abs. 3 des § 255 ordnet an, daß, wenn im Gesellschaftsvertrage eine Bestimmung der im Abs. 2 bezeichneten Art nicht getroffen ist, die Anmeldungen zur Theilnahme an der Generalversammlung zugelassen werden müssen, wenn sie nicht später als am dritten Tage vor der Versammlung erfolgen. Nach bisheriger Rechtsauffassung kann von der Hinterlegung der Aktien nur die Ausübung des Stimmrechts in der Generalversammlung abhängig gemacht werden; theilnehmen an der Generalversammlung, um eventuell Widerspruch gegen Beschlüsse zu erheben u. dgl. m., kann Jeder, der sich in der Generalversammlung als Aktionär ausweist, auch wenn er seine Aktien vorher nicht angemeldet hat. Dies ist jetzt geändert, ob beabsichtigt oder nicht, kann dahingestellt bleiben. Die Denkschrift spricht sich nicht darüber aus, da alle in dem § 255 enthaltenen Neuerungen erst auf Grund der Beschlüsse der Reichstagskommission in das Gesetz gebracht worden sind.

Der § 256 tritt an die Stelle des Art. 238 Abs. 2 und 3 und enthält mehrfache Abweichungen von den hierin enthaltenen Bestimmungen, indem er im Abs. 1 vorschreibt, daß jedem Aktionär auf Verlangen eine Abschrift der für die Generalversammlung eingebrachten Anträge zu ertheilen ist; eine Frist, binnen welcher dies zu geschehen hat, ist jedoch nicht bestimmt. Die Vorschrift des Art. 238 Abs. 2, wonach über Gegenstände, deren Verhandlung nicht mindestens eine Woche vor dem Tage der Generalversammlung angekündigt worden ist, Beschlüsse nicht gefaßt werden können, ist durch § 256 Abs. 2 dahin ergänzt, daß die Ankündigung mindestens zwei Wochen vor dem Tage der Generalversammlung erfolgen muß, wenn für die Beschlußfassung nach den gesetzlichen oder statutarischen Vorschriften die einfache Stimmenmehrheit nicht ausreicht. Außerdem ordnet der § 256 Abs. 2 für alle Fälle an, daß an die Stelle des Tages der Generalversammlung, falls die Ausübung des Stimmrechts von der Hinterlegung der Aktien abhängig ist, der Tag tritt, bis zu dessen Ablauf die Hinterlegung zu geschehen hat.

Als eine solche Hinterlegung kann keinenfalls die vorgedachte, im § 255 Abs. 3 enthaltene Anmeldung zur Theilnahme an der Generalversammlung gelten, die spätestens am dritten Tage vor der Versammlung erfolgen muß.

Die auf Antrag der Reichstagskommission in das Gesetz aufgenommenen Vorschriften der §§ 257 und 258 enthalten Neuerungen. Der § 257 verfügt, daß jeder Aktionär, der eine Aktie bei der Gesellschaft hinterlegt, 1. verlangen kann, daß ihm die Berufung der Generalversammlung und die Gegenstände der Verhandlung, sobald deren öffentliche Bekanntmachung erfolgt, durch eingeschriebenen Brief besonders mitgetheilt werden und 2. eine gleiche Mittheilung verlangen kann über die in der Generalversammlung gefaßten Beschlüsse.

Hieraus folgt, daß außer der Hinterlegung einer Aktie der betreffende Aktionär das ausdrückliche Verlangen aussprechen muß, das eine oder andere oder beides zu erhalten.

Die bloße Hinterlegung verpflichtet den Vorstand noch nicht, dem Aktionär die Mittheilungen zu machen. Wenn aber der Vorstand trotz des ausgesprochenen Verlangens dem Aktionär die Berufung der Generalversammlung und die Tagesordnung nicht mittheilt, so folgt daraus nicht, daß der Aktionär, als nicht gehörig eingeladen, die Beschlüsse der Generalversammlung anzufechten berechtigt ist, da ein solches Anfechtungsrecht ausdrücklich hätte ausgesprochen werden müssen. Die Verpflichtung der Gesellschaft, die ihr zur Hinterlegung eingereichten eigenen Aktien in Verwahrung zu nehmen, kann übrigens für Gesellschaften, die keine Bankgeschäfte betreiben, unter Umständen eine unangenehme mit Verantwortung verbundene Last sein. Indessen mehr als eine Aktie braucht die Gesellschaft von dem einzelnen Aktionär keinenfalls anzunehmen.

Der gedachte neu eingefügte § 258 bestimmt, daß in der Generalversammlung ein Verzeichniß der erschienenen Aktionäre oder Vertreter von Aktionären mit Angabe ihres Namens und Wohnortes, sowie des Betrages der von jedem vertretenen Aktien aufzustellen ist, welches vor der ersten Abstimmung zur Einsicht ausgelegt und von dem Vorsitzenden unterzeichnet werden muß. Eine Verlesung des Verzeichnisses ist, wie auch der Kommissionsbericht hervorhebt, nicht erforderlich.

Die Angabe der mit den vertretenen Aktien verbundenen Stimmen verlangt eigenthümlicher Weise das Gesetz nicht; nichtsdestoweniger wird es nothwendig sein, auch die Zahl der Stimmen, die jeder einzelne Aktionär vertritt, in das Verzeichniß einzufügen.

Die Vorschriften über die gerichtliche oder notarielle Beurkundung der Generalversammlungsbeschlüsse sind im § 259 gegenüber dem den gleichen Gegenstand behandelnden bisherigen Art. 238a Abs. 1 mehrfach ergänzt. Zunächst bestimmt der § 259 im Abs. 2, daß jene Beurkundung in der Aufnahme eines Protokolls besteht, in dem der Ort und der Tag der Verhandlung, der Name des Richters oder Notars, sowie die Art und das Ergebniß der Beschlußfassungen anzugeben sind. Die stattgehabten Verhandlungen werden also nicht protokollirt; kein Aktionär hat das Recht zu verlangen, daß von ihm gemachte Aeußerungen, gestellte Fragen, ertheilte Antworten u. dgl. m. Aufnahme in dem Protokolle finden; nur Widersprüche, welche Aktionäre gemäß

§ 271 Abs. 3 gegen Beschlüsse zu Protokoll erklären, müssen in dasselbe aufgenommen werden. Gemäß § 259 Abs. 3 sind das nach § 258 aufgestellte Verzeichniß der Theilnehmer an der Generalversammlung, sowie die Belege über die ordnungsmäßige Berufung, dem Protokolle beizufügen; der Beifügung der letzteren bedarf es jedoch nicht, wenn dieselben unter Angabe des Inhalts in dem Protokolle aufgeführt werden.

Nach Abs. 4 des § 259 braucht das Protokoll nur von dem Richter oder dem Notar vollzogen zu werden; die Zuziehung von Zeugen ist wie bisher nicht erforderlich.

Die Vorschriften der §§ 260 bis 265 über die ordentliche Generalversammlung, insbesondere über die Zeit der Berufung, die Vorbereitung und die Beschlußfassung derselben, über die für die Aufstellung der Bilanz maßgebenden Grundsätze, über den Reservefonds, sowie über die Veröffentlichung der genehmigten Bilanz und Gewinn- und Verlustrechnung ersetzen die Art. 239 Abs. 2, 239b, 185a bis 185c und 239a Abs. 2 und weichen in einzelnen Punkten davon ab.

Zunächst ist im Eingange des § 260 unzweideutiger wie bisher zum Ausdruck gebracht, daß ausschließlich die Generalversammlung über die Genehmigung der Jahresbilanz und die Gewinnvertheilung, sowie über die Entlastung des Vorstandes und auch des Aufsichtsraths zu beschließen hat.

Im Abs. 2 ordnet der § 260 wie der bisherige Art. 239 an, daß der Geschäftsbericht des Vorstandes den Vermögensstand und die Verhältnisse der Gesellschaft zu entwickeln hat. Nach der Regierungsvorlage sollte der Geschäftsbericht auch die Grundsätze enthalten, nach denen die Werthe in der Bilanz angesetzt und die Abschreibungen vorgenommen werden, und die Gründe für etwaige Abweichungen von den bei der Aufstellung der letzten Jahresbilanz beobachteten Grundsätze angeben. Diese Vorschriften wurden wegen der Nachtheile, die für die Gesellschaft aus der Offenlegung der betreffenden Verhältnisse entstehen können, vom Reichstage gestrichen; die Aktionäre können, wie der Kommissionsbericht S. 88ff. hervorhebt, die ihnen erforderlich erscheinenden Aufklärungen dadurch erzwingen, daß sie davon die Genehmigung der Bilanz abhängig machen. Der Einzelne hat demnach kein Recht auf solche Aufklärungen, wenn die Mehrheit darauf verzichtet.

Die Vorschriften, welche der Art. 185a bezüglich der Aufstellung der Bilanz, insbesondere bezüglich der Werthansätze in derselben enthält, sind im § 261 sachlich unverändert beibehalten. Was die bestrittene Frage betrifft, ob bei der Berechnung des Herstellungspreises von Waaren auch ein entsprechender Theil der Generalunkosten des Unternehmens mit in Ansatz gebracht werden kann, so erscheint es nach der Denkschrift nicht angängig, eine solche Berechnungsweise durch ausdrückliche Vorschrift ohne jede Einschränkung zu gestatten, weil alsdann der Vorschrift der Nr. 4 entgegen die sämmtlichen Kosten der Verwaltung auf einem Umwege doch als Activum in die Bilanz eingesetzt werden könnten. Es müsse dem verständigen Ermessen im einzelnen Falle überlassen bleiben, inwieweit ohne Verletzung der erwähnten Vorschrift gewisse allgemeinere Kosten als Bestandtheil der Herstellungskosten berücksichtigt werden können.

Der § 262 behandelt die Bildung des Reservefonds und entspricht in Nr. 1 und 2 den Vorschriften des Art. 185b, mit der Maßgabe, daß das bei Ausgabe neuer Aktien erzielte Agio nicht mehr als „Gewinn" bezeichnet wird, um wie die Denkschrift sagt, den Schluß zu vermeiden, daß das Handelsgesetzbuch das Agioerträgniß nicht als eine Kapitalvermehrung auffasse.

Nach der Entscheidung des Reichsgerichts bildet nämlich das Agio, trotzdem der Art. 185b dasselbe als Gewinn bezeichnet, nur eine Kapitalvermehrung. Das Oberverwaltungsgericht ist hinsichtlich der Besteuerung des Agios einstweilen noch anderer Ansicht.

In Nr. 3 des § 262 ist die Vorschrift neu eingefügt, daß in den Reservefonds auch der Betrag von Zuzahlungen, die ohne Erhöhung des Grundkapitals von Aktionären gegen Gewährung von Vorzugsrechten für ihre Aktien geleistet werden, einzustellen ist, soweit nicht eine Verwendung dieser Zahlungen zu außerordentlichen Abschreibungen oder zur Deckung außerordentlicher Verluste beschlossen wird.

Nach § 263 Abs. 2 ist jeder Aktionär berechtigt, eine Abschrift der Bilanz und der Gewinn- und Verlustrechnung sowie des Geschäftsberichts und in Erledigung einer jetzt bestehenden Streitfrage, auch der Bemerkungen des Aufsichtsraths zu verlangen. Die Vorschrift im letzten Satze des bisherigen Art. 239, daß der Aktionär die Ertheilung einer solchen Vervielfältigung nur gegen Erstattung der Kosten verlangen könne, ist beseitigt.

Der § 264 Abs. 1, wonach die Verhandlung über die Bilanz auf Grund eines einfachen Mehrheitsbeschlusses der Generalversammlung oder auf Verlangen einer näher bestimmten Minderheit zu vertagen ist, stimmt mit dem Art. 239a Abs. 2 überein.

Zur Erledigung der Streitfrage, ob die Minderheit mehr als einmal die Vertagung zu verlangen berechtigt sei, enthält der § 264 Abs. 2 die Bestimmung, daß von der Minderheit eine erneute Vertagung nur gefordert werden könne, wenn über die in der früheren Verhandlung bemängelten Ansätze der Bilanz die erforderliche Aufklärung nicht ertheilt worden sei. Wie aber festzustellen ist, ob eine Aufklärung in erforderlicher Weise ertheilt wird oder nicht, läßt das Gesetz unentschieden.

Der Abs. 3 des Art. 239a, wonach bezüglich der nicht bemängelten Ansätze der Bilanz die Entlastung des Vorstandes als erfolgt gelten soll, ist, weil, wie die Denkschrift sagt, mit Recht in der Litteratur als „unverständig" angefochten, nicht wiederholt worden.

Schon in meiner Abhandlung über den Entwurf der Aktien-Novelle vom 18. Juli 1884 ist S. 54 verlangt worden, diesen Abs. 3 des Art. 239 a weil „nicht verständlich" zu streichen; damals ist diese Mahnung nicht berücksichtigt worden; heute wird ihr Rechnung getragen.

Der § 265 ersetzt den Art. 185c Abs. 1 (239b); zum Handelsregister der Hauptniederlassung sind aber auch die Bekanntmachungen der Bilanz und der Gewinn- und Verlustrechnung in den Gesellschaftsblättern sowie der Geschäftsbericht des Vorstands nebst den Bemerkungen des Aufsichtsraths einzureichen.

Nach der Denkschrift brauchen die Bilanzen nicht so, wie sie der Generalversammlung vorgelegt sind, unverkürzt veröffentlicht zu werden. Zusammenfassungen sind vielmehr gestattet. Das Registergericht kann aber etwaige Bilanzveröffentlichungen, welche derart summarisch gehalten sind, daß sie überhaupt keine Uebersicht über die Vermögensverhältnisse der Gesellschaft gewähren, als ungenügend zurückweisen und den Vorstand durch Ordnungsstrafen zu einer anderen Veröffentlichung anhalten.

Der Abs. 2 des bisherigen Art. 185c ist gestrichen. Er besagt, daß, soweit das Gesetz keine Vorschriften enthält, die Grundsätze über die Aufstellung der Bilanz, über die Bildung und Anlegung von Reservefonds und über die Prüfung der Bilanz durch den Gesellschaftsvertrag bestimmt werden. Die Vorschrift ist, wie die Denkschrift sagt, entbehrlich, und auch insofern nicht zutreffend, als die bezeichneten Grundsätze keineswegs nur im Gesellschaftsvertrage, sondern unter Umständen durch einfache Beschlüsse der Generalversammlung oder durch Anweisungen des Aufsichtsraths festgestellt werden können.

Die §§ 266 und 267 behandeln zusammenhängend die in Art. 239a Abs. 1 und Art. 222a vorgesehenen Fälle, in denen Revisoren, sowohl zur Prüfung der Bilanz als zur Prüfung von Vorgängen bei der Gründung oder bei der Geschäftsführung oder Liquidation von der Generalversammlung bestellt oder auch unter gewissen Voraussetzungen auf Antrag einer Minderheit durch das Gericht ernannt werden. Durch die neuen Bestimmungen wird erreicht, daß die Vorschriften über das Verhalten des Vorstandes den Revisoren gegenüber und über die Behandlung des Revisionsberichtes sich nicht nur auf den Fall der gerichtlichen Ernennung von Revisoren, sondern auch auf die Fälle der Bestellung von Revisoren durch die Generalversammlung beziehen.

Der Abs. 1 des § 266 stellt außerdem klar, daß die Befugniß der Generalversammlung, die Ernennung von Revisoren zu beschließen, durch den Gesellschaftsvertrag nicht beeinträchtigt, insbesondere nicht an das Erforderniß einer größeren als der einfachen Stimmenmehrheit gebunden werden kann.

Für die Entscheidung über einen Antrag der Minderheit auf Bestellung von Revisoren ist nach Art. 222a das Landgericht zuständig, in dessen Bezirke die Gesellschaft ihren Sitz hat. Der § 266 spricht nur von der Ernennung der Revisoren durch das Gericht. Es liegt, wie die Denkschrift hervorhebt, kein genügender Anlaß vor, hier eine Ausnahme von dem im Uebrigen schon jetzt allgemein geltenden Grundsatze zu machen, daß die gerichtlichen Verfügungen in Handelssachen, welche nicht zu den Angelegenheiten der streitigen Gerichtsbarkeit gehören, von dem Registergericht erlassen werden.

Gemäß § 267 Abs. 3 hat fortan die Generalversammlung darüber zu beschließen, ob die durch die gerichtliche Ernennung von Revisoren entstandenen Kosten, die selbstverständlich zunächst von den Antragstellern zu tragen sind, von der Gesellschaft übernommen werden sollen. Zu diesen Kosten gehört nach der Denkschrift auch die den Revisoren zu gewährende Vergütung.

Da aus den Bestimmungen über die Liquidation der Aktiengesellschaft (§ 294 Abs. 2, § 298 Abs. 2) sich ergibt, daß die Vorschriften über die Bestellung von Revisoren zur Prüfung von Vorgängen bei der Geschäftsführung auch auf die Geschäftsführung der Liquidatoren Anwendung finden, ist in den §§ 266, 267 die Prüfung von Vorgängen bei der Liquidation nicht besonders erwähnt.

Die Vorschriften des bisherigen Art. 223 über das Recht der Generalversammlung mit einfacher Stimmenmehrheit, die Geltendmachung von Ersatzansprüchen der Gesellschaft gegen die für die Gründungsvorgänge oder für die Geschäftsführung verantwortlichen Personen zu verlangen, welches Recht in der Generalversammlung auch einer Minderheit, deren Antheile den fünften Theil des Grundkapitals darstellen, zusteht, sind in den §§ 268 bis 270 mit einigen Aenderungen und Ergänzungen wiedergegeben. Aus der Fassung des Art. 223 ist gefolgert worden, daß eine Erhebung von Ansprüchen der gedachten Art überhaupt nur auf Beschluß der Generalversammlung oder auf Verlangen der im Gesetze bezeichneten Minderheit zulässig sei. Nach der Denkschrift soll aber der Vorstand nicht unbedingt an einen vorgängigen Beschluß der Generalversammlung gebunden werden, und deshalb hat man die Worte: „Die Ansprüche sind zu erheben, wenn in der Generalversammlung dies mit einfacher Stimmenmehrheit beschlossen wird, ꝛc.“ dahin umgeändert: „die Ansprüche müssen geltend gemacht werden, wenn es in der Generalversammlung mit einfacher Stimmenmehrheit beschlossen wird, ꝛc.“. Durch diese veränderte Fassung würde aber die auch von dem Reichsgerichte getheilte Ansicht, daß die Geltendmachung derartiger Ersatzansprüche von dem Verlangen der Generalversammlung oder der gedachten Minderheit abhänge, noch nicht erschüttert werden können, wenn nicht die Auslassungen der Denkschrift sich als eine authentische Interpretation darstellten und zu erkennen gäben, was das Gesetz mit der neuen Fassung eigentlich beabsichtigt hat.

Während, wie vorerwähnt, der bisherige Art. 223 die Geltendmachung von Ersatzansprüchen einer Minderheit gewährt, deren Antheile mindestens den fünften Theil des Grundkapitals darstellen, ist dieses Erforderniß im § 268 auf die Hälfte herabgesetzt worden, so daß schon der Besitz des zehnten Theils des Grundkapitals für die Minderheit ausreicht.

Um zu verhindern, daß Ansprüche gegen die für die Geschäftsführung verantwortlichen Personen durch Verzicht oder Vergleich der Gesellschaft beseitigt werden, nachdem die Minderheit die Geltendmachung der Ansprüche verlangt hat, ist zufolge § 270 ein solcher Verzicht oder Vergleich nur zulässig, wenn von den die Minderheit bildenden Aktionären wenigstens so viele ihre Zustimmung erklären, daß die Aktien der übrigen nicht mehr den zehnten Theil des Grundkapitals darstellen.

Die §§ 271 bis 273 geben mit einzelnen Abänderungen und Ergänzungen die Vorschriften in Art. 222, 190a und 190b über die Anfechtung von Beschlüssen der Generalversammlung wieder.

Insbesondere gewährt der § 271 Abs. 3 in Ergänzung der bisherigen Bestimmungen das Anfechtungsrecht auch denjenigen Aktionären, welche zu der Generalversammlung unberechtigter Weise nicht zugelassen worden sind. Ferner soll eine Anfechtung, die darauf gegründet wird, daß durch den Beschluß Abschreibungen oder Rücklagen über das gesetzlich oder statutarisch statthafte Maaß hinaus angeordnet seien, nur zulässig sein, wenn sie von Aktionären ausgeht, die den zwanzigsten Theil des Grundkapitals besitzen. Endlich soll nach dem Abs. 4 des § 271 in dem Falle, daß der Beschluß der Generalversammlung eine Maßregel zum Gegenstande hat, durch deren Ausführung sich die Mitglieder des Vorstandes und des Aufsichtsraths strafbar oder den Gläubigern der Gesellschaft verantwortlich machen würden, nicht blos der Vorstand als solcher, sondern außerdem jedes einzelne Mitglied desselben und in der gleichen Weise jedes Mitglied des Aufsichtsraths zur Erhebung der Anfechtungsklage befugt sein. Die Anfechtungsbedingungen sind übrigens insofern erleichtert, als der klagende Aktionär nicht mehr wie bisher seine Aktien zu hinterlegen braucht. Die Denkschrift bemerkt jedoch, daß der Kläger selbstverständlich nöthigenfalls seine Legitimation zur Führung des Rechtsstreits darzuthun habe, also nachweisen müsse, daß er fortdauernd Aktionär sei.

IV.

Abänderungen des Gesellschaftsvertrages.

In Betreff der Abänderungen des Gesellschaftsvertrages, als welche sich auch die Erhöhung und die Herabsetzung des Grundkapitals darstellen, ist zunächst im § 274 Abs. 1, welcher den Art. 215 ersetzt und anordnet, daß solche Abänderungen nur durch die Generalversammlung beschlossen werden können, in Erledigung einer Streitfrage klargestellt, daß es statthaft sein soll, die Vornahme von Aenderungen, welche nur die Fassung betreffen, durch Beschluß der Generalversammlung dem Aufsichtsrathe zu übertragen. Im Abs. 2 schreibt der § 274 zur

Beseitigung bestehender Zweifel ferner vor, daß die beabsichtigte Aenderung des Gesellschaftsvertrages in der gemäß § 256 Abs. 1 und 2 zu bewirkenden Ankündigung ihrem *wesentlichen Inhalte nach* erkennbar zn machen ist.

Der § 275, welcher den Art. 215 Abs. 2, 3 und 6 ersetzt, ordnet in Erledigung einer Streitfrage zunächst an, daß es zu den von der Generalversammlung vorzunehmenden Aenderungen des Gesellschaftsvertrages einer Mehrheit bedarf, die mindestens drei Viertheile des *bei der Beschlußfassung* vertretenen Grundkapitals umfaßt, während der bisherige Art. 215 Abs. 2 dazu eine Mehrheit von drei Viertheilen des *in der Generalversammlung* vertretenen Grundkapitals erfordert; es entspricht dies der bereits besprochenen (s. o. S. 11 f.) neuen Fassung in § 207 Abs. 3.

Soll das Verhältniß *mehrerer Gattungen* von Aktien mit verschiedener Berechtigung zum Nachtheil einer Gattung geändert werden, so bedarf es nach dem bisherigen Art. 215 Abs. 6 außer dem Beschlusse der allgemeinen Generalversammlung der Zustimmung einer besonderen Generalversammlung der benachtheiligten Aktionäre.

Die Vorschrift ist sachlich im Abs. 3 des § 275 beibehalten; nur soll die Beschlußfassung der benachtheiligten Aktionäre nicht mehr in *einer besonderen* Generalversammlung, sondern durch *gesonderte* Abstimmung in der *allgemeinen Generalversammlung* stattfinden. Diese Vereinfachung war schon in meiner im Jahre 1884 erschienenen Abhandlung über den Entwurf zu der Aktiengesetznovelle vom 18. Juli 1884, damals allerdings ohne Erfolg, in Vorschlag gebracht worden, wo sich Seite 18 die Bemerkung findet: „Auch läßt sich nicht ersehen, weshalb der Entwurf *verschiedene Generalversammlungen* erfordert, da ja die Abstimmung in einer und derselben Generalversammlung nach den *verschiedenen Gruppen* erfolgen kann."

Die Vorschrift des § 276, wonach den Aktionären eine *Verpflichtung* zu wiederkehrenden Leistungen neben den Kapitaleinlagen nicht im Wege der nachträglichen Aenderung des Gesellschaftsvertrages durch Mehrheitsbeschluß auferlegt werden kann, steht im Zusammenhange mit den neuen Bestimmungen des § 212 und ist dort bereits erörtert (s. o. S. 13).

In dem auf die Eintragung von Statutenänderungen bezüglichen § 277 (bisher Art. 214) ist der Beschluß über eine Fortsetzung der Gesellschaft nicht mehr besonders erwähnt; denn auch die Fortsetzung der Gesellschaft ist, wenn die Dauer des Unternehmens im Gesellschaftsvertrag auf bestimmte Zeit beschränkt war, nicht anders als im Wege einer Aenderung des Gesellschaftsvertrages möglich. Was die Anmeldung von Statutenänderungen bei dem Registergerichte betrifft, so ist von einer Mitwirkung sämmtlicher Vorstandsmitglieder im Allgemeinen abgesehen worden, da die Anmeldung stets durch die öffentliche Urkunde über den Abänderungsbeschluß belegt sein muß; es genügt vielmehr, daß die zum Handeln für die Gesellschaft auch sonst nothwendige Zahl von Vorstandsmitgliedern bei der Anmeldung mitwirkt. Für die Anmeldung der Erhöhung sowie der Herabsetzung des Grundkapitals gelten mit Rücksicht auf die hierbei abzugebenden Erklärungen und Versicherungen besondere Vorschriften (§§ 280 Abs. 1, 289 Abs. 1, 291 Abs. 1). Die Angaben, welche die Eintragung einer Statutenänderung, sowie die öffentliche Bekanntmachung der Eintragung zu enthalten hat, sind im § 277 Abs. 2 im Einklange mit den Vorschriften über die erste Eintragung der Gesellschaft und deren Bekanntmachung (§§ 198, 199, 201) bestimmt.

Die Vorschrift des Art. 215a Abs. 1, wonach eine Erhöhung des Grundkapitals nicht vor der vollen Einzahlung des bisherigen Kapitals erfolgen darf, hat der § 278 Abs. 1 mit der Maßgabe beibehalten, daß das „darf" in „soll" umgewandelt ist, um die Folgerung zu vermeiden, daß eine Zuwiderhandlung gegen die Vorschrift, die Ungiltigkeit des Erhöhungsbeschlusses und die Nichtigkeit der neu ausgegebenen Aktien nach sich ziehe.

Mit Rücksicht auf die unbedingt lautende Vorschrift des Art. 215a Abs. 1 ist es ferner zweifelhaft geworden, ob nicht auch unerhebliche Rückstände, die auf einzelne Aktien verblieben sind, die Vornahme einer Kapitalserhöhung unzulässig machen. Vielfach wird eine solche Unzulässigkeit mit Rücksicht auf den Wortlaut der Vorschrift angenommen. Um dieser Auslegung entgegenzutreten, ist eine ausdrückliche Vorschrift in den § 278 aufgenommen, wonach durch Rückstände, die auf einen verhältnißmäßig unerheblichen Theil der eingeforderten Einzahlungen verblieben sind, die Erhöhung des Grundkapitals nicht gehindert wird; der Entscheidung im einzelnen Falle bleibt es überlassen, was als ein „verhältnißmäßig unerheblicher Theil der eingeforderten Einzahlungen" anzusehen ist. Bei der Anmeldung des Erhöhungsbeschlusses behufs Eintragung in das Handelsregister ist zu diesem Zwecke der Betrag der etwaigen Rückstände auf die Einzahlungen anzugeben. (§ 280 Abs. 2.)

In meiner mehrerwähnten Abhandlung über den Entwurf zu der Aktiengesetz-Novelle vom 18. Juli 1884 war S. 40 bereits eine entsprechende Aenderung der bezüglichen Vorschrift als wünschenswerth bezeichnet worden, ohne daß man damals Veranlassung nahm darauf einzugehen.

Für den Fall, daß bei einer Erhöhung des Grundkapitals mehrere Gattungen von Aktien mit verschiedener Berechtigung vorhanden sind, ist im Art. 215a nur auf die allgemeinen Vorschriften des Art. 215 Abs. 6 verwiesen, welche die Beschlußfassung bei einer Aenderung des Verhältnisses der verschiedenen Aktiengattungen betreffen. An Stelle dieser in ihrer Tragweite nicht ganz klaren Bezugnahme ist im Abs. 2 des § 278 ausdrücklich bestimmt, daß, wenn mehrere Aktiengattungen vorhanden sind, alle Gattungen in Sonderabstimmungen über die Kapitalserhöhung Beschluß fassen müssen.

Auch dies ist bereits in meiner hier vorbezogenen Abhandlung vom Jahre 1884 S. 18 vergebens in Vorschlag gebracht worden.

Während nach Art. 209b (§ 186) bei der Errichtung der Gesellschaft jede Vereinbarung, nach welcher eine nicht durch Baarzahlung zu leistende Einlage gemacht oder eine Anlage oder ein sonstiges Vermögensstück von der Gesellschaft übernommen werden soll, zu ihrer Wirksamkeit gegenüber der Gesellschaft der Festsetzung im Gesellschaftsvertrage bedarf, fehlen ähnliche Vorschriften für den Fall der Erhöhung des Grundkapitals. Auch hier ist es aber möglich, daß Sacheinlagen gemacht oder Vermögensstücke gegen eine Vergütung, die auf die Einlage angerechnet werden soll, der Gesellschaft überlassen werden. Für diese Fälle trifft daher der § 279 Vorschriften, welche ähnlich wie diejenigen über die Gründung der Gesellschaft, die Festsetzung von Vereinbarungen der fraglichen Art zur Kenntniß aller Betheiligten bringen.

Der Beschluß über die Erhöhung ist Inhalts des § 280 von sämmtlichen Mitgliedern des Vorstandes und des Aufsichtsraths zur Eintragung in das Handelsregister anzumelden, während der Art. 215a die Mitwirkung der Aufsichtsrathsmitglieder hierzu nicht erfordert. Auch ist dabei nicht mehr unbedingt zu versichern, daß das bisherige Grundkapital voll eingezahlt sei, sondern, soweit die Einzahlungen nicht vollständig stattgefunden haben, genügt mit Rücksicht auf die im § 278 enthaltene Vorschrift die Versicherung, daß darauf weitere als die in der Anmeldung bezeichneten Beträge nicht rückständig sind.

Der § 281 ersetzt den Art. 215b Abs. 1, welcher ohne den Inhalt der Zeichnungsscheine näher anzugeben, nur die Vorschrift enthält, daß bei der Erhöhung des Grundkapitals die Zeichnung der neu auszugebenden Aktien durch schriftliche, in zwei Exemplaren zu unterzeichnende Erklärung erfolgt. Diesem Mangel hilft der § 281 ab, indem er ähnlich wie bei der Errichtung der Gesellschaft nach Maßgabe des § 189 den Inhalt der Zeichnungsscheine, welche im Falle der Erhöhung des Grundkapitals auszustellen sind, festsetzt und auch die sonstigen Vorschriften des § 189 über die Nichtigkeit mangelhafter Zeichnungsscheine, über die Heilung der Mängel durch die Ausübung von Mitgliedsrechten und über die Unwirksamkeit von Beschränkungen der Verpflichtungen des Zeichners anwendbar erklärt.

Der § 282 enthält eine Neuerung, indem er, soweit nicht die Generalversammlung in dem Beschlusse über die Erhöhung des Grundkapitals etwas Anderes bestimmt hat, jedem Aktionär das Recht gewährt, die Zutheilung eines seinem Antheil an dem bisherigen Grundkapital entsprechenden Theiles der neu auszugebenden Aktien zu verlangen. Der Betrag, zu welchem die neuen Aktien an die Aktionäre ausgegeben werden, ist von dem Vorstand in den Gesellschaftsblättern zu veröffentlichen, wobei zugleich für die Ausübung des gesetzlichen Bezugsrechts der Aktionäre eine nicht weniger als zwei Wochen betragende Frist bestimmt werden kann.

Nach der Denkschrift kann im Falle der Auflegung der Aktien zur öffentlichen Zeichnung die für die Aktionäre bestimmte Bekanntmachung des Vorstandes auch noch gleichzeitig mit dem Beginne der Zeichnung geschehen; diese selbst darf dann aber für die Aktionäre nicht vor dem Ablaufe der in der Bekanntmachung bestimmten Frist geschlossen werden.

Da gegenwärtig schon fast ausnahmslos die Generalversammlung, welche die Erhöhung des Grundkapitals beschließt, auch über die Art und Weise befindet, wie die Begebung der neuen Aktien erfolgen soll, so hat die Vorschrift des § 282 thatsächlich nichts Neues geschaffen, sondern nur die konstante Uebung zur Regel erhoben.

Bei dieser Regelung ist eine vertragsmäßige Zusicherung von Bezugsrechten nur noch unter Vorbehalt des gesetzlichen Bezugrechts der Aktionäre möglich, sofern ihnen dasselbe nicht durch den Beschluß der Generalversammlung gemäß § 282 entzogen worden. Dies ist im § 283 Abs. 1 besonders ausgesprochen. Daneben gibt der § 283 Abs. 2 die Vorschrift des Art. 215a Abs. 4 wieder, wonach eine solche Zusicherung mit Wirksamkeit nicht vor dem Beschlusse der Generalversammlung über die Kapitalserhöhung geschehen kann.

Was die Eintragung einer Erhöhung des Grundkapitals in das Handelsregister betrifft, so sehen die bisherigen Art. 215a Abs. 3 und 215b Abs. 2 eine doppelte Eintragung vor, nämlich zunächst die Eintragung des Beschlusses der Generalversammlung über die Erhöhung des Grundkapitals und sodann — nach erfolgter Deckung des erhöhten Kapitals durch

Zeichnung der neuen Aktien und Leistung der ersten Einzahlung bezw. des Agios auf dieselben — die Eintragung der vollzogenen Erhöhung.

Der § 284 stellt nun zunächst genau fest, welche Belege der Anmeldung zum Handelsregister über die erfolgte Erhöhung beizufügen sind, was in Art. 215b Abs. 2 versäumt ist; der § 285 verfügt dann sachgemäß weiter, daß die Anmeldung und Eintragung der erfolgten Erhöhung mit der Anmeldung und Eintragung des Beschlusses über die Erhöhung verbunden werden kann. Auch enthält der § 284 Abs. 5 entsprechend der Vorschrift des § 199 die Bestimmung, daß in die Veröffentlichung, wodurch die Eintragung bekannt gemacht wird, auch der Betrag, zu welchem die Aktien ausgegeben werden, aufzunehmen ist.

Die Anmeldung der Erhöhung des Grundkapitals zu dem Handelsregister der Gerichte, in deren Bezirke die Gesellschaft Zweigniederlassungen besitzt, ist im § 286 neu geregelt und insoweit vereinfacht, als die Vorschriften des § 280 Abs. 2, betreffend die Abgabe der Versicherung, daß das bisherige Grundkapital eingezahlt bezw. der Erklärung, wie viel darauf rückständig ist, und des § 284 Abs. 2 bis 4, betreffend die der Anmeldung der erfolgten Erhöhung beizufügenden Belege, nebst Erklärung über die auf jede Aktie geleistete Einzahlung und Angabe des Emissionskurses der Aktien außer Anwendung bleiben.

Die Ausgabe der neuen Aktien oder Interimsscheine vor Eintragung der erfolgten Kapitalserhöhung in das Handelsregister ist schon gegenwärtig untersagt. Während aber in dem Falle der Ausgabe von Aktien oder Interimsscheinen vor der ersten Eintragung der Gesellschaft die Rechtsfolge der Nichtigkeit der Urkunden eintreten soll, spricht für den Fall der Erhöhung des Grundkapitals der bisherige Art. 215c Abs. 3 mit dem Ausdruck „sollen nicht ausgegeben werden“, das Verbot nur in der Form einer Anweisung aus, durch deren Uebertretung die Gültigkeit der Urkunden nicht berührt wird.

Da, wie die Denkschrift hervorhebt, für eine so verschiedenartige Behandlung kein ausreichender Grund vorliegt, da auch im Falle der Erhöhung des Grundkapitals die Erwerber der Aktien in der Lage sind, zu prüfen, ob die Eintragung in das Handelsregister stattgefunden hat, und da auch hier ein dringendes Interesse besteht, die Ausgabe der Urkunden zu verhindern, so lange nicht die Zulässigkeit der Kapitalserhöhung von dem Registergerichte geprüft ist, so hat der § 287 Abs. 1 das „sollen" durch „können" ersetzt, so daß also Aktien und Interimsscheine, welche auf das zu erhöhende Kapital ausgegeben werden, bevor die erfolgte Erhöhung in das Handelsregister eingetragen ist, nichtig sind. Daß vor der Eintragung der erfolgten Kapitalserhöhung in das Handelsregister auch die Antheilsrechte nicht mit Wirksamkeit gegenüber der Gesellschaft übertragen werden können, entspricht dem Grundsatze, welcher im § 200 Abs. 2 bezüglich des Verhältnisses bei der Errichtung der Gesellschaft anerkannt ist, und hat daher im Art. 287 Abs. 2 gleichfalls besonderen Ausdruck gefunden.

Die §§ 288 bis 291, betreffend die Herabsetzung des Grundkapitals, ersetzen die bisherigen Art. 248, 215d.

Der Art. 248 unterscheidet die theilweise Rückzahlung des Grundkapitals an die Aktionäre und die Herabsetzung desselben; im Art. 215d Abs. 2 ist die Amortisation von Aktien aus dem Grundkapital noch besonders erwähnt. Diese Unterscheidung ist nicht zutreffend, weil auch die theilweise Rückzahlung des Grundkapitals und die Amortisation von Aktien aus demselben eine Abänderung der Bestimmung des Gesellschaftsvertrages über die Höhe des Grundkapitals, also eine Herabsetzung desselben, voraussetzen. Die theilweise Rückzahlung und die Amortisation bezeichnen nur den besonderen Zweck, zu welchem die Herabsetzung erfolgt. Deshalb spricht der § 288 ausschließlich von der Herabsetzung des Grundkapitals; er bestimmt aber zugleich, daß der Zweck, zu welchem die Herabsetzung erfolgt und die Art und Weise der Ausführung derselben in dem Beschluß der Generalversammlung über die Herabsetzung festgesetzt werden muß. Die theilweise Rückzahlung des Grundkapitals an die Aktionäre ist als ein besonders wichtiges Beispiel im § 288 hervorgehoben; daneben kommen aber nach der Denkschrift auch andere Zwecke, namentlich die Befreiung der Aktionäre von noch nicht geleisteten Einzahlungen (so auch mein Kommentar zur Aktiengesetznovelle vom 18. Juli 1884 zu Art. 248 Note 6), die Amortisation eines Theiles der Aktien, die Beseitigung einer Unterbilanz oder die Umwandlung eines Theiles des Grundkapitals in einen der freien Verfügung unterliegenden Reservefonds in Betracht. Anlangend die Art und Weise der Ausführung der Herabsetzung, so hebt die Denkschrift hervor, daß in dieser Hinsicht der Beschluß, wie auch nach dem geltenden Recht, insbesondere darüber Bestimmung treffen müsse, ob eine Verminderung des Nennbetrages oder der Zahl der Aktien eintreten und ob dies im Wege einer Zusammenlegung, Umtauschung, Abstempelung u. s. w. bewerkstelligt werden soll.

Die Vorschrift des § 288, daß der Herabsetzungsbeschluß unter allen Umständen einer Mehrheit von drei Viertheilen des bei der Beschlußfassung vertretenen Grundkapitals bedarf, ist in veränderter Fassung der Bestimmung des bisherigen Art. 248 nachgebildet, welcher eine Mehrheit von drei Viertheilen des in der Generalversammlung vertretenen Grundkapitals verlangt, (vgl. hierzu die zum § 207 Abs. 3 oben gemachten Bemerkungen). Für den Fall, daß mehrere Gattungen von Aktien mit verschiedener Berechtigung vorhanden sind, ist die Beschlußfassung durch den § 288 ebenso geregelt, wie im § 275 Abs. 3 die Beschlußfassung über eine Erhöhung des Grundkapitals. Die zum Schutze der Gesellschaftsgläubiger gegen eine sofortige Verminderung des Grundkapitals dienenden Maßregeln, insbesondere die öffentlichen Aufforderungen an die Gläubiger, sich zum Zwecke ihrer Befriedigung oder Sicherstellung bei der Gesellschaft zu melden und die Einhaltung eines Sperrjahrs, vor dessen Ablauf der Herabsetzungsbeschluß nicht zur Ausführung gebracht werden darf, sind im § 289 selbständig geordnet, während der bisherige Art. 248 in dieser Hinsicht einfach auf die nicht ganz zutreffenden Vorschriften

Bezug nimmt, welche für die Vertheilung des Gesellschaftsvermögens im Falle der Auflösung maßgebend sind.

In Erledigung einer Streitfrage setzt der § 290 in Uebereinstimmung mit der Entscheidung des Reichsgerichts fest, daß die Herabsetzung des Grundkapitals auch durch Zusammenlegung von Aktien und Verminderung der Gesammtzahl der letzteren erfolgen kann. Hat die Generalversammlung ein solches Verfahren vorgesehen, so ist die Gesellschaft berechtigt, die Aktien, welche trotz erfolgter Aufforderung nicht bei ihr eingereicht sind, sowie eingereichte Aktien, welche die zum Ersatze durch neue Aktien erforderliche Zahl nicht erreichen und der Gesellschaft nicht behufs der Verwerthung für Rechnung der Betheiligten zur Verfügung gestellt werden, für kraftlos zu erklären und die an Stelle derselben auszugebenden neuen Aktien für Rechnung der Betheiligten verkaufen zu lassen.

Die Vorschriften in Abs. 2 und 3 des § 290 regeln die Art und Weise, wie die Aufforderung zur Einreichung der Aktien und die Kraftloserklärung bekannt zu machen, die neuen Aktien zu verwerthen und die erzielten Beträge sicher zu stellen sind. Außer dem Beschlusse über die Herabsetzung des Grundkapitals (§ 289) ist nach Anordnung des § 291 auch die erfolgte Herabsetzung von sämmtlichen Mitgliedern des Vorstandes zur Eintragung in das Handelsregister anzumelden. Diese Neuerung, welche den Vorschriften über die Erhöhung des Grundkapitals entspricht, wobei außer dem Beschlusse über die Erhöhung auch die erfolgte Erhöhung zur Eintragung gebracht werden muß, ist bereits in meinem Kommentare zum Aktiengesetze vom 18. Juli 1884, Note 5 zu Art. 248, als wünschenswerth bezeichnet worden.

V.

Auflösung und Nichtigkeit der Gesellschaft.

Hinsichtlich der Auflösung und Nichtigkeit der Aktien-Gesellschaft enthalten die §§ 292 bis 311 zum Theil überaus gewichtige neue Vorschriften.

Der § 292 wiederholt die im Art. 242 bezeichneten Thatsachen, durch welche die Gesellschaft aufgelöst wird und stimmt inhaltlich mit diesem Artikel überein, nur wird auch hier wiederum zu dem Beschlusse über die Auflösung nicht wie bisher eine Mehrheit von drei Viertheilen des in der Generalversammlung vertretenen, sondern des bei der Beschlußfassung vertretenen Grundkapitals erfordert. (Vgl. die zu § 207 gemachten Bemerkungen, oben S. 11 f.)

Die §§ 294 bis 302 beziehen sich auf die Liquidation der Aktiengesellschaft und stimmen im Allgemeinen inhaltlich mit den in den Art. 244 bis 246 enthaltenen Vorschriften überein; zur Beseitigung einzelner Unklarheiten ist nur hin und wieder eine andere Fassung gewählt. So stellt der Abs. 1 des § 294 klar, daß die Liquidation regelmäßig die nothwendige Folge der Auflösung ist; Ausnahmen hiervon sind, abgesehen von dem Falle des Konkurses in den §§ 304 bis 306 anerkannt, wovon weiter unten noch die Rede sein wird.

Der Fortbestand der Verfassung der Gesellschaft ist im § 294 Abs. 2 zwar nur für den Fall der Liquidation besonders vorgesehen; es versteht sich aber nach der Denkschrift von selbst, daß der gleiche Grundsatz auch da, wo die Auflösung der Gesellschaft die Liquidation nicht zur Folge hat, Anwendung finden muß, so lange das Gesellschaftsvermögen noch vorhanden und die Firma der Gesellschaft nicht erloschen ist.

Die im Art. 243 des Handelsgesetzbuchs vorgesehene dreimalige Bekanntmachung, durch welche die Gläubiger der Gesellschaft aufgefordert werden, sich bei dieser zu melden, ist nach dem § 297 nicht durch den Vorstand, sondern durch die Liquidatoren zu erlassen.

Die Vorschrift des bisherigen Art. 202, wonach die aus den Handelsbüchern der Gesellschaft ersichtlichen oder in anderer Weise bekannten Gläubiger durch besondere Erlasse aufzufordern sind, sich zu melden, ist gestrichen; denn diese Gläubiger müssen, wie die Denkschrift besagt, von der Gesellschaft befriedigt werden, auch wenn sie sich nicht besonders gemeldet haben, eventuell hat Hinterlegung oder Sicherheitsleistung stattzufinden (§ 301).

Die Vorschrift des Art. 244a Abs. 3, wonach die Liquidatoren bei Beginn der Liquidation eine Bilanz aufzustellen und diese ohne Verzug in den Gesellschaftsblättern bekannt zu machen, auch zum Handelsregister einzureichen haben, ist im § 299 insofern erweitert worden, als derselbe nicht nur die Aufstellung einer Bilanz für den Zeitpunkt der Eröffnung der Liquidation, sondern auch die Aufstellung weiterer Bilanzen für den Schluß jedes Jahres beziehungsweise Geschäftsjahres vorschreibt und außerdem die Vorschriften Anwendung finden läßt, welche namentlich in Bezug auf die dem Aufsichtsrathe und der Generalversammlung zu machenden Vorlagen und die Beschlußfassung der letzteren, auf die Bestellung von Bilanzrevisoren, sowie auf die Veröffentlichung der genehmigten Bilanz und Gewinn- oder Verlustrechnung und auf deren Einreichung zum Handelsregister in den §§ 260, 263 bis 267 getroffen sind.

Dagegen kommen die in diesen Paragraphen enthaltenen Bestimmungen über die Gewinnvertheilung sowie die Bestimmungen der §§ 261 und 262 über die Bilanzansätze und den Reservefonds auf die Liquidationsbilanzen nicht zur Anwendung, da die letzteren nur die Uebersicht über den Vermögensstand und keine Ermittelung des Gewinnes behufs dessen Vertheilung bezwecken; für diese Bilanzen genügen vielmehr die allgemeinen Bewerthungsvorschriften. Nichtsdestoweniger und obgleich der § 299 den Liquidatoren die Aufstellung einer Gewinn- und Verlustrechnung nicht ausdrücklich zur Pflicht macht, wird hiervon nicht zu dispensiren sein, da Abs. 2 des § 299 die Vorschriften der §§ 260, 263 und 265, die u. a. die Gewinn- und Verlustrechnung behandeln, zur Anwendung gebracht wissen will. In diesem Sinne drückt sich auch die Denkschrift aus.

Die Vorschriften des Art. 245 bezüglich der Vertheilung des Vermögens der aufgelösten Gesellschaft unter die Aktionäre sind mit verschiedenen, die Fassung und den Inhalt betreffenden Abänderungen durch die §§ 300 bis 302 ersetzt. Daß die Aktionäre auf diese Vertheilung des Vermögens ein Sonderrecht besitzen, welches ihnen durch einen Beschluß der Generalversammlung nicht entzogen werden kann, ist im ersten Absatze des § 300 anerkannt. Während der bisherige Art. 245 Abs. 1 bestimmt, daß die Vertheilung nach Verhältniß der Aktien erfolgt, ordnet § 300 in Abs. 2 korrekt die Vertheilung nach Verhältniß der Aktienbeträge an, sofern nicht mehrere Gattungen von Aktien mit verschiedener Berechtigung vorhanden sind. In Erledigung einer Streitfrage verfügt der § 300 in Abs. 3 in Uebereinstimmung mit der Entscheidung des Reichsgerichts, daß, wenn die Einzahlungen nicht auf alle Aktien in demselben Verhältnisse geleistet sind, zunächst die geleisteten Einzahlungen zur Erstattung kommen, ein Ueberschuß aber sowie ein Fehlbetrag nach dem Verhältniß der Nennbeträge der Aktien vertheilt wird. Ueber die Angemessenheit dieser Vorschrift läßt sich immerhin streiten; hält man eine andere Vertheilung des Gesellschaftsvermögens für richtiger, so kann bei Errichtung des Gesellschaftsvertrages dies im Statut zum Ausdruck gebracht werden.

Die Vorschriften des § 301 über den Zeitpunkt der Vertheilung des Vermögens entsprechen im Allgemeinen den bisherigen Art. 245 Abs. 1 bis 3 und 202. Im Einzelnen sind sie den §§ 51, 52 des Bürgerlichen Gesetzbuchs, welche die Vertheilung des Vermögens eines aufgelösten Vereins betreffen, nachgebildet.

Die Vorschrift des Art. 245 Abs. 4, wonach die Liquidatoren die Beendigung der Liquidation öffentlich bekannt zu machen haben, ist beseitigt; statt dessen bestimmt § 302 Abs. 1, daß die Liquidatoren nach Beendigung der Liquidation und nach gelegter Schlußrechnung das Erlöschen der Firma der Aktiengesellschaft zur Eintragung in das Handelsregister anzumelden haben. Die Bestimmungen, welche der bisherige Art. 246 in Betreff der Aufbewahrung der Handelsbücher der Gesellschaft nach beendigter Liquidation enthält, sind mit geringfügigen Fassungsänderungen im § 302 Abs. 2, 3 wiedergegeben.

Der Abs. 4 des § 302 enthält eine Neuerung in der Bestimmung, daß auf Antrag eines Betheiligten das Gericht des Sitzes der Gesellschaft die bisherigen Liquidatoren neu zu bestellen oder andere Liquidatoren zu berufen hat, wenn sich nachträglich noch weiteres der Vertheilung unterliegendes Vermögen herausstellt.

Tritt dieser Fall ein, so ist derselbe so zu behandeln, als ob eine neue Liquidation durchzuführen wäre; es bedarf also auch einer neuen Eintragung.

Während die bisherigen Art. 215 Abs. 4 und 247 nur die Auflösung durch Uebertragung des gesammten Aktiv- und Passivvermögens einer Aktiengesellschaft an eine andere Aktiengesellschaft gegen Gewährung von Aktien der letzteren (Fusion) besonders behandeln, regeln die §§ 303 ff. überhaupt eine jede Verwerthung des gesammten Gesellschaftsvermögens, davon ausgehend, daß die Übertragung des Vermögens der Aktiengesellschaft im Ganzen eine besondere Art der Liquidation bildet, bei der namentlich die Maßregeln, welche die Befriedigung der Gesellschaftsgläubiger aus dem Gesellschaftsvermögen zu sichern bestimmt sind, zu entsprechender Anwendung kommen müssen. Von dieser Regel werden jedoch zwei Ausnahmen zugelassen, deren eine die Uebertragung des Gesellschaftsvermögens an das Reich, einen Bundesstaat oder an einen inländischen Kommunalverband betrifft (§ 304), während die zweite, auch gegenwärtig im Handelsgesetzbuche vorgesehene Ausnahme sich auf die Vereinigung einer Aktiengesellschaft mit einer anderen bezieht (§§ 305, 306). In beiden Fällen soll der Ausschluß der Liquidation gestattet sein und alsdann eine unmittelbare Gesammtnachfolge des Gesellschaftsvermögens in die Rechtsverhältnisse der aufgelösten Gesellschaft einschließlich ihrer Schulden eintreten.

Nach § 303 Abs. 1 setzt jede Uebertragung des Gesellschaftsvermögens im Ganzen stets einen Beschluß der Generalversammlung voraus, zu welchem mindestens eine Mehrheit von drei Viertheilen des bei der Beschlußfassung vertretenen Grundkapitals gefordert wird, wogegen der bisherige Art. 215 Abs. 4 für die Fusion mindestens eine Mehrheit von drei Viertheilen des in der Generalversammlung vertretenen Grundkapitals verlangt. (Wegen dieser Abweichung in der Fassung vgl. das hiervor zu § 207 Bemerkte.)

Der Beschluß hat nach § 303 Abs. 2 die Auflösung der Gesellschaft von Rechtswegen zur Folge, soweit diese Auflösung nicht schon vorher eingetreten war. Ein besonderer Auflösungsbeschluß ist also nicht erforderlich; vielmehr hat alsbald nach der Genehmigung der Vermögensübertragung durch die Generalversammlung der Vorstand die Auflösung zur Eintragung in das Handelsregister anzumelden (§ 293).

Wenn der Beschluß der Generalversammlung gefaßt ist, gilt der Regel nach die Gesellschaft als in Liquidation befindlich, und der § 303 Abs. 3 erklärt demgemäß die Vorschriften über die Liquidation im Allgemeinen für anwendbar. Die Liquidatoren sollen, wie die Denkschrift hervorhebt, zu allen Geschäften und Rechtshandlungen befugt sein, welche die Ausführung der beschlossenen Vermögensübertragung mit sich bringt. Diese Befugnisse werden sich je nach der Art, wie das Verhältniß zu dem Uebernehmer geordnet ist, verschieden gestalten. In der Regel wird es sich um den Uebergang eines im Betriebe befindlichen Unternehmens handeln, das bis zu der erst nach Ablauf des Sperrjahrs zulässigen Ausantwortung an den Uebernehmer weiter betrieben werden muß. Die Fortsetzung des Unternehmens darf daher der Gesellschaft auch nach der Auflösung nicht unmöglich gemacht werden; vielmehr ist den Liquidatoren in einem solchen Falle die Befugniß zu allen Geschäften einzuräumen, welche der Betrieb mit sich bringt. Andererseits ist es nicht ausgeschlossen, daß die Geschäftsleitung schon während des Liquidationsstadiums in weiteren oder engeren Grenzen dem Uebernehmer selbst überlassen wird, wobei dann die Aufgabe der Liquidatoren der Hauptsache nach nur darin bestehen wird, darüber zu wachen, daß die zum Gesellschaftsvermögen gehörenden Anlagen und Gegenstände von dem Vermögen des Uebernehmers getrennt bleiben und dem Liquidationszwecke nicht entfremdet werden.

Soweit es sich um die zur Sicherung der Gesellschaftsgläubiger bestimmten Maßregeln handelt, tritt an die Stelle der Vertheilung des Gesellschaftsvermögens die Ausantwortung desselben an den Uebernehmer; sie darf dem § 303 Abs. 3 zufolge erst nach Ablauf des Sperrjahrs und nach erfolgter Befriedigung oder Sicherstellung der Gläubiger geschehen.

Hierfür sind den Gläubigern die Liquidatoren und Mitglieder des Aufsichtsraths verantwortlich (§§ 241, 249), und auch die Aktionäre haften, soweit sie ihren Antheil aus der Gegenleistung des Uebernehmers erhalten haben (§ 217).

Die Befriedigung der Gläubiger erfolgt zwar Namens der Gesellschaft, aber für Rechnung des Uebernehmers, da unter den Parteien die Uebertragung des Vermögens im Ganzen bedungen ist. Dem Uebernehmer muß es deshalb überlassen bleiben, die zur Befriedigung der Gläubiger erforderlichen Beträge, soweit die bereiten Mittel der Gesellschaft nicht ausreichen, zu beschaffen.

Eine Ausnahme von dem Grundsatze, daß auch im Falle der Uebertragung des ganzen Gesellschaftsvermögens die Vorschriften über die Liquidation im Allgemeinen zur Anwendung kommen, findet, wie bemerkt, statt, wenn ein von einer Aktiengesellschaft betriebenes Unternehmen von dem Reiche, einem Bundesstaate oder einem inländischen Kommunalverbande übernommen wird. Der § 304 gestattet für diesen Fall, daß in dem Vertrage zwischen der Aktiengesellschaft und dem Uebernehmer die Liquidation ausgeschlossen wird.

Der Ausschluß der Liquidation ist ebenso wie die Vermögensübertragung selbst von der Genehmigung der Generalversammlung abhängig, und die Vorschriften des § 303 Abs. 1

über das Erforderniß einer Mehrheit von drei Viertheilen des bei der Beschlußfassung vertretenen Grundkapitals (vgl. frühere Bemerkungen zu § 207) gelten auch für diesen Theil des Beschlusses (§ 304 Abs. 2). Der Vorstand hat den Beschluß der Generalversammlung zugleich mit der Auflösung der Gesellschaft zur Eintragung in das Handelsregister anzumelden; der Anmeldung ist der mit dem Uebernehmer abgeschlossene Vertrag in Urschrift oder in öffentlich beglaubigter Abschrift beizufügen.

Der Beschluß hat keine Wirkung, bevor die Eintragung bei dem Gericht, in dessen Bezirke sich der Sitz der Gesellschaft befindet, stattgefunden hat. Mit der Eintragung des Beschlusses gilt der Uebergang des Vermögens der Gesellschaft einschließlich der Schulden als erfolgt; die Firma der Gesellschaft erlischt.

Die §§ 305 und 306 regeln im Zusammenhange mit den vorhergehenden Bestimmungen der §§ 303 und 304, ähnlich wie dies in den bisherigen Art. 215 Abs. 4 und 247 geschieht, den Fall der Vereinigung zweier Aktiengesellschaften, von denen die eine gegen Gewährung von Aktien der anderen in dieser aufgehen soll; zugleich ist im § 305 die Vereinigung einer Aktiengesellschaft mit einer Kommanditgesellschaft auf Aktien der Vereinigung zweier Aktiengesellschaften gleichgestellt, dabei jedoch nur des Falles gedacht, wo die Kommanditgesellschaft die übernehmende, die Aktiengesellschaft die in dieselbe aufgehende Gesellschaft ist. Aus der die Kommanditgesellschaft auf Aktien behandelnden Vorschrift des § 320 Abs. 3 geht indessen hervor, daß auch die Kommanditgesellschaft auf Aktien unter analoger Anwendung der für die Aktiengesellschaft gegebenen Vorschriften durch Fusion in eine Aktiengesellschaft aufgehen kann.

Die allgemeinen Vorschriften des § 303 Abs. 1, 2 über den zur Vermögensübertragung erforderlichen Beschluß der Generalversammlung sowie über dessen Voraussetzungen und Wirkungen gelten, wie sich aus dem Zusammenhange der §§ 303 bis 306 ergibt, auch für eine Aktiengesellschaft, die durch Vereinigung mit einer anderen (bezw. mit einer Kommanditgesellschaft auf Aktien) aufgelöst werden soll. Dies entspricht dem Art. 215 Abs. 4. Ob aber die Vereinigung der beiden Gesellschaften ohne Liquidation der aufgelösten Gesellschaft zu geschehen hat, überläßt der § 306 zunächst der Bestimmung des Vertrags; die Liquidation ist nicht kraft Gesetzes ausgeschlossen. Soll die Liquidation unterbleiben, so finden nach § 306 Abs. 1 bezüglich der Genehmigung der fraglichen Bestimmung durch die Generalversammlung der aufzulösenden Gesellschaft sowie bezüglich der Anmeldung und Eintragung des Beschlusses in das Handelsregister und der Wirkungen dieser Eintragung die für den Fall der Uebertragung des Gesellschaftsvermögens an das Reich, einen Bundesstaat oder einen inländischen Kommunalverband im § 304 getroffenen Vorschriften Anwendung. Da die Eintragung einen für beide Gesellschaften bindenden Vertrag voraussetzt (§ 304 Abs. 1, 3), so bedarf es keiner besonderen Vorschrift dahin, daß die Eintragung nur geschehen kann, wenn sowohl der Generalversammlungsbeschluß der aufgelösten Gesellschaft als der durch die Erhöhung des Grundkapitals der anderen Gesellschaft bedingte Genehmigungsbeschluß der Generalversammlung dieser Gesellschaft bei dem Registergericht angemeldet sind. Das Registergericht hat die Rechtsgültigkeit beider Beschlüsse zu prüfen und demnächst die Eintragung für beide Gesellschaften gleichzeitig vorzunehmen. Mit der Eintragung gilt die Vereinigung der Gesellschaften als vollzogen: die Firma der aufgelösten Gesellschaft erlischt und das Vermögen derselben geht durch Gesammtnachfolge auf die andere Gesellschaft über.

Anlangend die Frage, in welcher Weise die mit der Vereinigung der beiden Gesellschaften verbundene Erhöhung des Grundkapitals der übernehmenden Gesellschaft zur Ausführung zu bringen ist, bestimmt der § 305, daß die allgemeinen Bestimmungen über die Erhöhung des Grundkapitals, insbesondere diejenigen, welche die Zeichnung und Einzahlung des erhöhten Kapitals und die dem Registergericht in dieser Beziehung einzureichenden Belege betreffen, bei der Uebernahme des Vermögens einer Gesellschaft gegen Gewährung von Aktien außer Anwendung bleiben, und daß zum Nachweise der Deckung des erhöhten Kapitals dem Registergerichte nur der von der Generalversammlung der aufgelösten Gesellschaft genehmigte Vertrag über die Vermögensübertragung einzureichen ist. Außer Anwendung soll auch die Vorschrift bleiben, wonach eine Erhöhung des Grundkapitals nicht vor der vollständigen Einzahlung des bisherigen Kapitals gestattet ist (§ 278 Abs. 1). Was den Umtausch selbst betrifft, so ist die übernehmende Gesellschaft gemäß § 305 Abs. 3 nach Analogie des § 290 befugt, einzelne Aktien der aufgelösten Gesellschaft, die nicht eingereicht oder zur Verfügung gestellt werden, für kraftlos zu erklären und die an ihre Stelle tretenden neuen Aktien für Rechnung der Betheiligten zu verwerthen.

Die Vorschriften des § 306 Abs. 2 bis 6 betreffen die Verpflichtung der übernehmenden Gesellschaft, das von ihr erworbene Vermögen der anderen Gesellschaft einstweilen getrennt zu verwalten. Im Allgemeinen stimmen diese Vorschriften mit denjenigen des Art. 247 des Handelsgesetzbuches überein; sie ergänzen dieselben jedoch in einem wesentlichen Punkte: bisher fehlt eine dahingehende Vorschrift, daß den Gläubigern der aufgelösten Gesellschaft ein Recht auf vorzugsweise Befriedigung aus dem getrennt verwalteten Vermögen zusteht. Zur Beseitigung jeden Zweifels bestimmt in dieser Hinsicht der § 306, daß bis zur Vereinigung der beiden Vermögen im Verhältniß der Gläubiger der aufgelösten Gesellschaft zu der übernehmenden Gesellschaft und zu deren sonstigen Gläubigern das übernommene Vermögen noch immer als Vermögen der aufgelösten Gesellschaft gelten soll. Diese Regelung ermöglicht nach der Denkschrift gegebenenfalls auch die Eröffnung eines besonderen Konkurses über das Vermögen der aufgelösten Gesellschaft nach Maßgabe des § 193 Abs. 2 der Konkursordnung. Die Frage, ob das Recht der Gläubiger der aufgelösten Gesellschaft gegenüber *allen* sonstigen Gläubigern der übernehmenden Gesellschaft oder nur gegenüber denjenigen anerkannt werden soll, deren Forderungen schon vor der Vereinigung der Vermögen der beiden Gesellschaften begründet waren, entscheidet der § 306 in dem ersteren Sinne.

Der § 307 enthält eine beachtenswerthe Neuerung, indem er in Abs. 1 verfügt, daß, wenn eine Aktiengesellschaft zum Zwecke der Veräußerung ihres Vermögens im Ganzen oder zum Zwecke der Umwandlung in eine andere Gesellschaft aufgelöst worden ist, die Generalversammlung die Fortsetzung der Gesellschaft beschließen kann, falls der beabsichtigte Zweck nicht erreicht wird.

Das Gleiche gilt gemäß Abs. 2 des § 307 in dem Falle, daß die Gesellschaft durch die Eröffnung des Konkurses aufgelöst, der Konkurs aber nach Abschluß eines Zwangsvergleichs aufgehoben oder auf Grund des § 188 der Konkursordnung eingestellt worden ist.

Die Fortsetzung der Gesellschaft ist zufolge des Abs. 3 des § 307 von dem Vorstande zur Eintragung in das Handelsregister anzumelden.

Daß auch im Falle der Fortsetzung der Gesellschaft die Folgen des Konkurses nicht schlechthin beseitigt werden, die Rechtshandlungen des Konkursverwalters vielmehr von der fortgesetzten Gesellschaft als bindend anerkannt werden müssen, versteht sich nach der Denkschrift von selbst.

Neu ist auch die Bestimmung des § 308, daß, falls die Firma einer Aktiengesellschaft durch den Uebergang ihres Vermögens auf eine andere Gesellschaft oder juristische Person ohne vorgängige Liquidation erloschen ist, eine Anfechtung des den Uebergang betreffenden Beschlusses der Generalversammlung gegen die Rechtsnachfolgerin der aufgelösten Gesellschaft zu richten ist.

Auch die §§ 309 bis 311 enthalten Vorschriften, welche dem bisherigen Rechte fremd sind; sie betreffen die Nichtigkeit einer Aktiengesellschaft sowie die nachträgliche Heilung von Mängeln des Gesellschaftsvertrages, welche die Nichtigkeit der Gesellschaft zur Folge haben. In dieser Hinsicht bestimmt der § 309, daß, wenn das Statut nicht die nach § 182 Abs. 2 wesentlichen Bestimmungen enthält oder eine dieser Bestimmungen nichtig ist, jeder Gesellschafter und jedes Mitglied des Vorstandes und des Aufsichtsraths im Wege der Klage beantragen kann, daß die Gesellschaft für nichtig erklärt werde.

Die nach dem bezogenen § 182 in Betracht kommenden wesentlichen Bestimmungen sind:

1. Firma und Sitz, 2. Gegenstand des Unternehmens, 3. Höhe des Grundkapitals und der einzelnen Aktien, 4. Art der Bestellung und Zusammensetzung des Vorstandes, 5. Form der Berufung der Generalversammlung, 6. Form der von der Gesellschaft ausgehenden Bekanntmachungen.

Die Klage setzt voraus, daß die Aktiengesellschaft bereits eingetragen ist, denn sonst besteht sie nicht (§ 200). Das die Nichtigkeit aussprechende Urtheil hat nach der Denkschrift nur deklaratorische Bedeutung.

Der § 310 ordnet an, daß ein Mangel, der die Bestimmungen über die Firma oder den Sitz der Gesellschaft, den Gegenstand des Unternehmens, die Bestellung oder Zusammensetzung des Vorstandes, die Form der Bekanntmachungen der Gesellschaft oder die Form der Berufung der Generalversammlung betrifft, durch einen den Vorschriften dieses Gesetzbuches über eine Aenderung des Gesellschaftsvertrages entsprechenden Beschluß der Generalversammlung geheilt werden kann, und daß die Berufung der Generalversammlung, wenn der Mangel die Bestimmungen über die Form der Berufung betrifft, durch Einrückung in diejenigen Blätter erfolgt, welche für die Bekanntmachungen der Eintragungen in das Handelsregister des Sitzes der Gesellschaft bestimmt sind. Unheilbar sind hiernach nur die Mängel, welche die Bestimmungen über die Höhe des Grundkapitals und den Betrag der einzelnen Aktien betreffen.

Ist die Nichtigkeit einer Aktiengesellschaft in das Handelsregister eingetragen, so finden nach der Vorschrift des § 311 zum Zwecke der Abwickelung ihrer Verhältnisse die für den Fall der Auflösung geltenden Vorschriften entsprechende Anwendung. Auch wird die Wirksamkeit der im Namen der Gesellschaft mit Dritten vorgenommenen Rechtsgeschäfte durch die Nichtigkeit nicht berührt; die Gesellschafter haben die versprochenen Einzahlungen zu leisten, soweit es zur Erfüllung der eingegangenen Verbindlichkeiten erforderlich ist.

Wie die Denkschrift hierzu besonders hervorhebt, wird die Gesellschaft, welcher insoweit, als es sich um die Bethätigung des Gesellschaftszwecks handelt, die Eigenschaft einer Aktiengesellschaft versagt werden muß, nunmehr als Liquidationsgesellschaft anerkannt und ist als solche auch nach den Grundsätzen des Aktienrechts zu beurtheilen. Sie hat demgemäß nicht nur die für den Liquidationszweck nöthige Rechts- und Handlungsfähigkeit, so daß selbst die Eröffnung des Konkurses gegebenenfalls nicht ausgeschlossen ist, sondern auch in Betreff der inneren Verhältnisse finden die hinsichtlich einer aufgelösten Aktiengesellschaft geltenden Vorschriften Anwendung, soweit die Mängel des Statuts es gestatten.

Selbstredend haben die Gesellschafter die versprochenen Einzahlungen nur zu leisten, wenn die Verpflichtung zur Leistung der Einlagen in einer Weise übernommen ist, die nach den allgemeinen Grundsätzen des Aktienrechts zur Entstehung der Verbindlichkeit genügen würde.

VI.

Strafvorschriften.

Die Vorschrift des § 312 betreffend die Bestrafung von Mitgliedern des Vorstandes oder des Aufsichtsraths, oder von Liquidatoren, welche absichtlich zum Nachtheile der Gesellschaft handeln, mit Gefängniß und zugleich mit Geldstrafe bis zu 20 000 Mark entspricht der Bestimmung des Art. 249, läßt aber abweichend hiervon mildernde Umstände zu, bei deren Vorhandensein ausschließlich auf Geldstrafe erkannt werden kann.

Die bisherige Vorschrift des Art. 249a ist im § 313 wiederholt; jedoch sind in Folge der nach den Bestimmungen der §§ 195, 284 bei der Eintragung der Gesellschaft oder der Erhöhung des Grundkapitals zu machenden Angaben, zu welchem Betrage die Aktien ausgegeben werden, diesbezügliche sowie in Ansehung der im § 279 bezeichneten Festsetzungen gemachte wissentlich falsche Angaben gleichfalls unter Strafe gestellt.

Der § 314 entspricht mit einigen Abweichungen dem bisherigen Art. 249b. Die Strafvorschrift in Nr. 2 ist nämlich gemäß der neuen Bestimmung im § 179 Abs. 4 auf die Ausgabe nicht vollbezahlter Inhaberaktien beschränkt; daneben wird aber auch die Ausgabe nicht vollbezahlter Namensaktien, in welchen der Betrag der geleisteten Einzahlungen nicht ersichtlich gemacht ist, unter Strafe gestellt; die Vorschrift in Nr. 3, welche sich bisher in Art. 249b nur auf die Ausgabe von Aktien oder Interimsscheinen vor der Eintragung einer Kapitalserhöhung in das Handelsregister bezieht, ist jetzt auch auf den Fall einer Ausgabe der Urkunden vor der ersten Eintragung der Gesellschaft in das Handelsregister erstreckt; die Vorschrift unter Nr. 4 des Art. 249b, welche nur die Ausgabe von Kleinaktien ohne die für diese besonders vorgeschriebenen Vermerke mit Strafe bedroht, ist in Nr. 5 des § 314 aufgenommen und Nr. 4 durch eine Bestimmung ersetzt, wonach die Ausgabe solcher Aktien oder Interimsscheine außer den Fällen des § 180 Abs. 2, 3 unbedingt strafbar sein soll.

Die Nummern 1 und 2 des bisherigen Art. 249d, welche die öffentliche Vorspiegelung falscher oder Entstellung wahrer Thatsachen behufs der Verleitung zur Betheiligung an einem Aktienunternehmen, sowie die betrügerische Beeinflussung des Kurses von Aktien betrafen, sind durch die Vorschriften im § 75 des Börsengesetzes ersetzt. Durch den Wegfall dieser Bestimmungen wird auch der mit ihnen zusammenhängende Abs. 4 des Art. 249d gegenstandlos. Es bleibt daher von den Bestimmungen dieses Artikels nur die in den § 316 aufgenommene Strafvorschrift übrig, welche sich gegen die fälschliche Anfertigung, Verfälschung oder fälschliche Benutzung von Bescheinungen über die Hinterlegung solcher Aktien oder Interimsscheine richtet, die zum Nachweise des Stimmrechts in einer Generalversammlung dienen sollen.

Die Vorschrift des Art. 249e ist im § 317 erweitert worden, und zwar zunächst dahin, daß nicht nur derjenige, welcher sich besondere Vortheile dafür gewähren oder versprechen läßt, daß er in einem gewissen Sinne bei einer Abstimmung in der General=

versammlung stimme, bestraft wird, sondern daß unter gleicher Voraussetzung auch die Stimmenthaltung in der Generalversammlung strafbar ist, und ferner dahin, daß ebenso derjenige bestraft wird, welcher besondere Vortheile dafür gewährt oder verspricht, daß Jemand bei der Abstimmung in der Generalversammlung in einem gewissen Sinne stimme oder an der Abstimmung in der Generalversammlung nicht theilnehme.

Auch der den bisherigen Art. 249f ersetzende § 318 hat eine Ausdehnung erhalten, insofern als nunmehr nicht blos die mißbräuchliche Benutzung der Aktien eines Anderen zur Ausübung des Stimmrechts, sondern auch bei Ausübung von Minderheitsrechten, sowie bei der Anfechtung von Beschlüssen der Generalversammlung und bei Erhebung von Nichtigkeitsklagen bestraft wird.

Der § 319, welcher den Art. 249g ersetzt und die Fälle aufzählt, in denen die Mitglieder des Vorstandes oder die Liquidatoren zur Befolgung gewisser Vorschriften durch Ordnungsstrafen angehalten werden können, hat insofern eine Vereinfachung erfahren, als die allgemeine Vorschrift des § 14 H.G.B. die Aufzählung einer Anzahl von Fällen hier unnöthig macht. Dagegen sind in Abs. 2 des § 319 die Fälle aufgeführt, in welchen Anmeldungen zum Handelsregister ohne Androhung von Ordnungsstrafen vorgesehen sind. Es sind dies nach der Denkschrift die Fälle, in welchen, wie bei der Errichtung der Gesellschaft und bei einer Aenderung des Gesellschaftsvertrags, der Rechtserfolg unbedingt von der Eintragung abhängig ist, ein Zwang zur Anmeldung also ausgeschlossen bleiben muß.

Register.

(Die Zahlen verweisen auf die Seiten.)

V.

W.

Z.

Buchdruckerei von Gustav Schade (Otto Francke) in Berlin.

GPSR Compliance

The European Union's (EU) General Product Safety Regulation (GPSR) is a set of rules that requires consumer products to be safe and our obligations to ensure this.

If you have any concerns about our products, you can contact us on ProductSafety@springernature.com

In case Publisher is established outside the EU, the EU authorized representative is:

Springer Nature Customer Service Center GmbH
Europaplatz 3
69115 Heidelberg, Germany

Batch number: 10844627

Printed by Printforce, the Netherlands